AF411041

ALLIANCE DES MAISONS D'ÉDUCATION CHRÉTIENNE

ARISTOTE

ETHIQUE A NICOMAQUE

DIXIÈME LIVRE

TEXTE GREC

RÉVU ET ANNOTÉ POUR LA CLASSE DE PHILOSOPHIE

PAR M. J. H. VÉRIN

DOCTEUR ÈS LETTRES, PROFESSEUR AU COLLÈGE DE PONT-LEVOY.

PARIS

LIBRAIRIE POUSSIELGUE FRÈRES

RUE CASSETTE, 15

—

1885

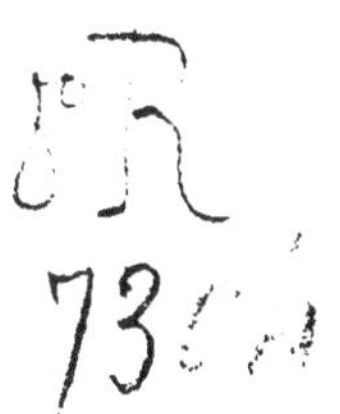

INTRODUCTION

Il ne nous semble pas utile de faire ici la biographie d'Aristote, non plus que d'exposer l'ensemble de sa philosophie et d'énumérer ses ouvrages ; c'est dans une bonne histoire de la philosophie qu'il faut chercher ces détails [1]. Nous ne parlerons donc que de la *Morale* ou *Éthique à Nicomaque*, dont nous donnons ici le dixième livre.

Il ne faut pas se laisser tromper par ce titre de *Morale à Nicomaque :* c'est une mauvaise traduction des mots Ἠθικὰ Νικομάχεια, qui signifient littéralement : *Livres de morale nicomachéens,* ou *Morale nicomachéenne ;*

1. Rappelons seulement quelques dates et quelques faits. Aristote naquit à Stagire, en Macédoine, l'an 384 av. J.-C. Il était fils de Nicomaque, médecin distingué et ami d'Amyntas III, roi de Macédoine. En 368, il se rendit à Athènes, auprès de Platon, dont il suivit les leçons pendant vingt ans. Il devint, en 343, le précepteur d'Alexandre, et, après le départ de son royal disciple pour l'Asie, revint se fixer à Athènes, où il fonda, vers l'an 334, une école qui, du lieu où il l'établit, fut appelée le *Lycée.* En butte à des attaques et à des accusations d'impiété, il se retira à Chalcis, en Eubée, où il mourut bientôt, en 322. Les principaux ouvrages d'Aristote sont : l'*Organon* ou la *Logique,* qui se compose de six ouvrages différents, la *Métaphysique* ou *Philosophie première,* le *Traité de l'âme,* la *Morale à Nicomaque,* la *Politique,* la *Rhétorique,* la *Poétique,* la *Physique,* l'*Histoire des animaux,* etc., etc.

autrement dits. *Livres de morale rédigés par Nicomaque*[1]. Ce nom, qui avait été celui du père d'Aristote, fut donné ensuite à un fils du philosophe, et c'est ce fils qui, très probablement, a revu et mis en ordre les notes laissées par son père : ces livres n'en sont donc pas moins l'œuvre d'Aristote[2].

Jusqu'au philosophe de Stagire, on n'avait pas été, sans doute, sans parler de la morale; Socrate n'avait guère fait autre chose, on le sait, et bien que Platon n'ait pas considéré la morale comme une science particulière, distincte de la science sociale ou de la politique, les sujets de morale reviennent sans cesse dans ses écrits et y occupent une place considérable : mais il n'en avait pas fait l'objet d'un ouvrage à part. C'est Aristote, semble-t-il, qui le premier sépara la morale de la politique, sans rompre pourtant le lien qui unit ces deux branches de la science sociale, et qui, la traitant comme une science distincte, rédigea un vrai traité de morale, méthodiquement composé. Non qu'il y faille chercher la marche régulière qu'offrirait un ouvrage moderne du même genre. « Aristote, dit M. Ollé-Laprune, est le plus didactique des philosophes grecs de la grande époque, mais il conserve une liberté d'allure toute grecque. Pourvu qu'il aille en avant, et qu'il éclaircisse enfin les notions qu'il prétend étudier, il ne se donne point la

1. Si le titre devait être : *Morale à Nicomaque*, il y aurait en grec : Ἠθικὰ πρὸς Νικόμαχον.

2. Il y a deux autres *Traités de morale* qu'on attribue à Aristote : la *Morale à Eudème*, ou plutôt *d'Eudème*, en sept livres, qui reproduit en partie la *Morale à Nicomaque* et la *Grande Morale*. Celle-ci, malgré son titre, n'a que deux livres ; on peut la regarder soit comme la première esquisse de la *Morale à Nicomaque*, soit comme un abrégé des deux autres traités.

peine de marcher toujours d'un pas méthodique; il ne
s'interdit point les écarts, les retours, et, si je puis le
dire, les allées et venues. Peut-être aussi y a-t-il des
parties où nous avons entre les mains moins un livre
qu'un cours oral, ou les notes prises en vue de ce cours,
ou les rédactions des meilleurs disciples. » C'est ce qui
expliquerait la concision souvent excessive du style de
cet ouvrage, les ellipses forcées dont il fourmille, ce qui,
ajouté à l'emploi de certains termes dont la signification
n'est pas assez précise, jette souvent de l'obscurité sur la
pensée.

Voici une analyse aussi succincte que possible de l'ouvrage entier d'Aristote. Il comprend dix livres et s'occupe
de cinq questions principales : le bonheur, le plaisir, les
vertus intellectuelles, les vertus morales, l'amitié.

Le premier livre traite du bien et du bonheur. Le but
de toutes les actions humaines est le bien, et le bien
c'est la fin en vue de laquelle se fait tout le reste, c'est-
à-dire le bonheur, lequel doit être cherché dans l'acte
et l'œuvre propre de l'homme. La condition essentielle
du bonheur pour l'homme, c'est l'activité réglée par la
raison, c'est-à-dire la vertu. Le vrai bonheur est la fin la
plus parfaite que l'homme puisse se proposer; il est
l'œuvre propre de l'homme, en tant qu'être doué d'intelligence. Il consiste donc dans la constante activité de nos
facultés intellectuelles et dans leur plus complet développement. Rien n'empêche ensuite d'y ajouter les biens du
corps et les biens extérieurs, pour que le bonheur soit
complet. On peut déclarer heureux celui dont les actions
sont conformes à une vertu parfaite, qui possède autant
de biens extérieurs qu'il en faut pour pratiquer la vertu,
et dont la situation reste stable durant de longues années.
L'âme comprenant deux parties, l'une raisonnable et

l'autre irraisonnable, il y a lieu de distinguer deux sortes de vertus dans l'âme, les vertus intellectuelles et les vertus morales.

Le livre deuxième traite de la vertu. La vertu est principalement le résultat de l'habitude. Les actions ne peuvent être vertueuses qu'autant qu'elles sont conformes à la droite raison, c'est-à-dire qu'elles ne nous portent ni vers un extrême par excès, ni vers l'extrême opposé par défaut. Les vertus ne sont ni des passions ou affections, ni des facultés : d'où l'on conclut qu'elles sont des dispositions acquises, des habitudes. Ces dispositions rendent l'homme bon et lui font faire toutes les choses morales en perfection. La vertu, en résumé, est une disposition acquise et réfléchie, consistant à garder un juste milieu entre tout excès et tout défaut. Cela n'est pas toujours facile. Il faut s'appliquer à connaître celui des extrêmes dont on doit le plus se garder ; il faut incliner vers l'un ou l'autre, suivant qu'il s'éloigne moins du milieu, seul louable et seul désirable.

Le troisième livre étudie la volonté, marque la différence entre le volontaire et l'involontaire, analyse la προαίρεσις, ou détermination éclairée et libre de la volonté, qu'il ne faut pas confondre avec le désir, le simple vœu ou l'opinion. La volonté, en général, a pour objet le bien ; mais, seule, la volonté saine poursuit le vrai bien. La vertu et le vice sont également volontaires et libres, nous en sommes responsables. Alors commence, dans ce troisième livre, la description des vertus morales. C'est d'abord le *courage*, qui est un milieu entre la peur et la témérité, et dont l'auteur distingue plusieurs sortes : courage civique, courage militaire, courage de la colère, etc. Le vrai courage est une vertu difficile à pratiquer, mais c'est une de celles qui contribuent le plus au bonheur; elle se trouve surtout dans les citoyens qui combattent pour la liberté de leur patrie. La *tempérance*, qui vient ensuite, est un juste milieu dans l'usage des plaisirs du corps, et surtout de ceux du goût et du toucher. L'intempérance est un vice plus dégradant que la lâcheté, parce qu'il est plus volontaire, et qu'on en prend plus facilement l'habitude. C'est le fait d'une raison ferme et éclairée de donner à l'homme la vertu de la tempérance.

Le livre quatrième continue l'exposé des qualités morales : il est consacré à la libéralité, à la magnificence, à la magnanimité, à la douceur dans les rapports, etc. La *libéralité* est un juste milieu entre la prodigalité et l'avarice. Cette vertu est peut-être celle qui se fait le plus aimer, mais elle dépend de la fortune de chacun. Le libéral donne toujours avec joie, mais avec discernement, et pour des motifs justes et honorables. On n'appelle pas libéral un tyran ni tout autre homme qui donne après s'être enrichi par le crime. Le prodigue est moins méprisable que l'avare, et il est plus susceptible de guérison; mais lui aussi peut, par des profusions sans mesure, être conduit à des actions mauvaises. La *magnificence* est la vertu relative aux dépenses : elle est un milieu entre la parcimonie extrême et l'ostentation fastueuse. La *magnanimité*, juste milieu entre la petitese d'âme et l'orgueil présomptueux, est la qualité de ceux qui se croient capables d'exécuter de grandes choses. Le magnanime est courageux, fier, digne, franc, dédaigneux de ce qui séduit les âmes vulgaires. Entre l'ambition excessive et l'absence totale d'ambition, il y a un juste milieu, mais c'est une vertu qui n'a pas de nom spécial. La *douceur* ou l'*indulgence* est un juste milieu entre l'irascibilité et l'insensibilité ou apathie. Il ne faut pas s'irriter pour des causes légères, mais il ne faut pas non plus être impassible et flegmatique à l'excès. Viennent ensuite des conseils sur d'autres vertus, qui sont un juste milieu entre l'humeur complaisante et l'humeur contredisante, entre la jactance fanfaronne et l'excès d'humilité, entre la grossière bouffonnerie et l'humeur farouche qui ne veut jamais se dérider.

Le cinquième livre tout entier traite de la justice, et, à propos de la justice, de l'équité. La justice est la vertu relative à autrui, la vertu parfaite et achevée qui s'emploie pour les autres. On distingue la *justice distributive* et la *justice réparative* ou *de compensation*. L'équité est une justice qui consiste à corriger, selon les circonstances, ce que la loi a de trop rigoureux dans sa généralité, à ne pas pousser le droit jusqu'à l'extrême. Au fond, elle ne diffère pas de la justice. L'injustice, en général, c'est une inégalité en plus ou en moins. Elle peut être commise par ignorance et sans intention, ou par passion, mais sans préméditation, ou enfin avec intention et préméditation, et, sous cette dernière forme, elle est impardonnable, car c'est la volonté ou l'intention qui fait qu'un homme est juste ou injuste. Il n'est pas possible qu'un homme soit injuste envers lui-même. Celui qui se tue est injuste envers la société, mais il ne l'est pas par rapport à lui-même, puisque la notion du juste comporte l'idée de rapport entre deux personnes distinctes.

Dans le livre sixième, il est parlé des vertus intellectuelles, qui sont indispensables aux vertus morales, puisque, pour pouvoir déterminer en tout le juste milieu, il faut cultiver sa raison et se rendre capable d'atteindre la vérité. Il y a cinq moyens d'arriver à la vérité, qui sont : l'*art*, la *prudence*, la *science*, l'*intelligence* ou l'en-

tendement, la *sagesse.* L'*art* est une habitude d'agir, à l'occasion des choses contingentes, en prenant pour guide la raison. Il produit ainsi des œuvres distinctes de celles qui ont une existence nécessaire, ou dont l'existence est le résultat des forces de la nature. La *prudence* consiste à être en état de prendre les résolutions les plus conformes à notre bonheur, en général; elle s'applique, comme l'art, à des choses contingentes, aux affaires humaines, telles que la politique, l'économie domestique, etc. La *science,* c'est la conception du général et du nécessaire. L'*intelligence,* c'est la faculté des principes. Ces deux dernières, portées à leur perfection, produisent la *sagesse :* c'est la connaissance rationnelle des principes et des applications; elle est l'habileté suprême, la supériorité dans quelque genre que ce soit. Elle suppose aussi le *discernement,* relatif aux choses qui sont l'objet du doute et sur lesquelles il y a lieu de délibérer, pour décider de ce qu'il faut ou de ce qu'il ne faut pas faire, et le *jugement,* ou *sens commun,* ou *bon sens,* qui consiste dans un juste discernement de ce qui est équitable. Toutes ces qualités aboutissent à la pratique; elles n'existent qu'en vue du bien et de la vertu, mais il ne faut pas dire, avec Socrate et Platon, que toutes les vertus ne sont que des sciences, ou les parties d'une seule et même science, d'où elles dérivent et dans laquelle toutes se confondent.

Au septième livre, il est question de l'empire de soi, de l'intempérance et du plaisir. L'intempérant use à l'excès des plaisirs. Or, il y a plusieurs sortes de plaisirs. Il y en a de nécessaires et de naturels, comme ceux du corps; il y en a qui ne sont pas nécessaires; exemple : ceux de l'ambition. L'intempérance n'existe que par rapport aux désirs naturels. Elle peut avoir deux causes, l'emportement et la faiblesse; elle n'est pas la débauche, mais il est difficile de la guérir, parce que l'habitude est une seconde nature. Vient alors la théorie du plaisir. Le plaisir n'est pas mauvais en soi, mais seulement par les moyens employés et le but poursuivi. Sans être absolument proscrits, les plaisirs du corps doivent être restreints et réglés. Ce qui fait que le vulgaire donne la préférence aux plaisirs des sens, c'est qu'ils sont comme un remède aux douleurs et aux chagrins; c'est aussi que leur vivacité même les fait rechercher par ceux qui sont incapables d'en goûter d'autres. Nous avons besoin de plaisirs, et de plaisirs qui changent, parce que notre nature n'est pas une nature entièrement simple et telle que la même activité purement contemplative puisse toujours être pour elle la source des plus vifs et des plus purs plaisirs. On remarquera que cette théorie du plaisir est reprise dans la première partie du dixième livre.

La théorie de l'amitié occupe les deux livres suivants, le huitième et le neuvième. Elle semble ne pas se rattacher étroitement au plan de l'ouvrage : et cependant, comme l'amitié est un sentiment qui doit être réglé, comme elle est une aide pour la vertu, comme elle suppose des relations, c'est-à-dire des droits et des devoirs, tout ce qu'en dit Aristote se relie plus qu'on ne le croit d'abord à ses théories de la vertu et du bonheur.

L'amitié est une sorte de vertu; jamais, du moins, elle ne va sans la vertu. Elle est aussi nécessaire que belle. Elle n'existe que s'il y a entre les personnes une bienveillance réciproque et réciproquement connue. Les choses qu'on peut aimer sont au nombre de trois : le bien, l'agréable, l'utile. Il y a de même trois causes qui provoquent l'amitié, et il y a trois sortes d'amitié : amitié de plaisir, amitié d'intérêt, amitié de vertu. Celle-ci est la plus parfaite et la plus solide, et les deux autres ne sont des amitiés que par leur ressemblance avec elle. De plus, elles sont fragiles et éphémères, l'agréable et l'utile n'ayant rien de fixe. L'amitié véritable est l'habitude de vivre ensemble et de se vouloir réciproquement du bien. Elle ne peut exister qu'entre les bons, ne peut se disperser sur beaucoup d'objets, consiste plutôt à aimer qu'à être aimé. Elle a des rapports avec la justice, car partout où il y a association, il y a des relations de justice en même temps que des relations d'amitié. De là, des détails sur les diverses classes d'hommes entre lesquels l'amitié peut exister, sur les diverses formes de gouvernement, sur leur comparaison avec les diverses relations des personnes constituant la famille, et des considérations sur l'amitié dans les différentes formes de gouvernement et dans la famille. On ne peut comprendre tous ces développements qu'à la condition de ne pas oublier le sens très étendu, en grec, du mot φιλία : il désigne tout sentiment bienveillant qui s'adresse à autrui, l'inclination qui porte l'homme vers l'homme, le lien affectueux qui les unit plus ou moins, la sociabilité.

La vraie amitié ne saurait exister entre les méchants, qui ne s'associent que par intérêt, non par vraie sympathie. Il faut donc tâcher d'être vertueux, dit Aristote; c'est ainsi qu'on s'aimera soi-même et qu'on aimera les autres pour la ressemblance qu'on leur trouvera avec soi. Il n'y a de stabilité et de durée que dans cette amitié de vertu. Les dissentiments ne peuvent manquer de se produire dans l'amitié d'intérêt et dans l'amitié de plaisir, car il peut toujours venir un moment où l'on ne se plaise plus, où l'on ne trouve plus d'avantage à rester liés : de là, rupture nécessaire. Mais l'amitié de vertu est à l'abri de ces dissentiments, car c'est un échange continuel de services, où l'un est toujours content de les recevoir et l'autre de les rendre. Et, maintenant, a-t-on plus besoin d'amis dans la prospérité que dans l'adversité? Dans toutes les situations, la présence d'un ami est une chose précieuse et désirable. Aristote montre surtout ce qu'il convient de faire quand on est malheureux, ou quand on voit ses amis malheureux. En finissant, il revient sur le charme de la vie commune, qui est un des principaux éléments de l'amitié. On aime à voir dans un ami un autre soi-même : on aime à passer ensemble ses journées, à tout faire ensemble ; et, comme les méchants se corrompent mutuellement, de même les bons s'améliorent et se perfectionnent par un commerce assidu. Leur vertu s'accroît et s'affermit, et le proverbe a raison, qui dit : « Des bons sort du bien. »

Enfin vient le dixième livre, que nous donnons ici et dont les sommaires qu'on trouvera en tête des chapitres nous dispensent de faire l'analyse détaillée. Disons seulement que l'auteur y revient sur le plaisir, dont il a parlé au septième livre, et y achève la théorie du bonheur commencée au livre premier. On verra que les dernières pages de ce livre (Chap. VII et VIII) exposent les vraies conditions du bonheur, et ce qu'est le vrai bonheur lui-même, ce bonheur qui dépend surtout des plaisirs intellectuels et des vertus morales.

Telle est, dans son ensemble, l'*Éthique à Nicomaque*. Il est facile de voir qu'on n'y trouve pas un traité régulier, comme celui qui sortirait de la plume d'un philosophe moderne. Les théories morales d'Aristote n'en sont pas moins belles en elles-mêmes. « L'homme, dit l'auteur de l'*Essai sur la Morale d'Aristote*[1], est bon, honnête, moralement beau, noble, tel qu'il doit être, ἀγαθός, καλὸς κἀγαθός, ἐπιεικής, σπουδαῖος, quand il met dans son âme et dans sa vie l'ordre, la mesure, l'harmonie, et que, réglant ses sentiments, ses actions, toute sa conduite d'après la droite raison, il est courageux et tempérant, libéral et magnanime, juste et équitable, fidèle, généreux, dévoué en amitié. Alors il fait bien son métier d'homme (τὸ ἀνθρωπεύεσθαι), et, par ses vertus pratiques et proprement morales, qui ont aussi un caractère social, il se rend digne de louange. Puis, au-dessus de cette vie pratique, il y a la vie contemplative, qui a un caractère divin. Pratique (πρᾶξις), et contemplation (θεωρία), vertu sociale (ἀρετὴ πολιτική), et sagesse (σοφία), ces mots résument toute cette philosophie des choses humaines (ἡ περὶ τῶν ἀνθρωπίνων φιλοσοφία), qui est l'*Ethique*, rattachée elle-même à la science sociale par excellence ou *Politique*. »

Malheureusement il y a aussi, sans parler de lacunes importantes, des parties faibles dans cette *Morale*. Et d'abord Aristote, comme l'a observé M. Cousin, ne s'élève pas aussi vivement que Platon contre les passions : il ne veut que les régler; car, au fond, qu'est-ce pour lui que la vertu? Un juste milieu entre deux extrêmes opposés, τὸ μέσον, μεσότης. Mais il ne serait pas difficile de montrer que ce juste milieu entre deux extrêmes n'est pas toujours possible, que sa recherche aurait pour effet de bannir les vertus héroïques, et que ce principe, trop vague, laisse l'homme abandonné à son propre jugement. L'idéal d'Aristote est beau : c'est l'activité complète et parfaite de l'âme qui se conforme à la raison pendant

1. M. Ollé-Laprune.

tout le cours de la vie; mais nous aimons mieux celui de Platon, prenant pour principe de sa morale que l'homme doit imiter Dieu : ὁμοίωσις τῷ Θεῷ κατὰ τὸ δυνατόν, formule qui se rapproche de la règle évangélique : « *Estote perfecti, sicut Pater vester cælestis perfectus est.* » En outre, la doctrine d'Aristote, sans être un grossier *utilitarisme*, est un *eudémonisme* : car enfin, pour lui, la fin de l'homme est la félicité, εὐδαιμονία, et la félicité ici-bas : c'est le premier et le dernier mot de son livre. On peut dire en sa faveur que le désintéressement n'est pas absent de sa doctrine morale, parce que l'intérêt qu'il propose à l'homme est si relevé, qu'il n'a plus rien de commun avec ce qu'on appelle ordinairement de ce nom, et que le bonheur pour lui est la plus grande somme de plaisir qui puisse résulter de l'activité complète de nos plus nobles facultés. Il n'en est pas moins vrai que la philosophie morale d'Aristote a ce défaut capital, de prétendre enfermer la félicité dans les bornes de la vie présente. Cette félicité même est d'ailleurs bien difficile à atteindre, si bien qu'Aristote est obligé de rabaisser son idéal pour la généralité des hommes et d'accorder que la vraie félicité ne saurait se passer d'une certaine somme de ces biens extérieurs sur lesquels la fortune a prise. En tout cas, cette félicité doit tenir tout entière dans les limites étroites de la vie actuelle. Nulle part Aristote ne parle d'une autre vie; il n'a pas, grâce à sa théodicée, une notion exacte des rapports de l'homme avec Dieu, de cette relation affectueuse, personnelle, vraiment morale qu'on ne trouve complètement ensei-gnée que par la doctrine chrétienne; et, en définitive, l'homme ramenant tout à soi, ne sortant pas de soi, c'est en soi et dans les limites de cette vie éphémère qu'il trouve ou semble trouver tout. Il manque à la théorie

d'Aristote ces notions qui nous sont devenues familières :
la foi en un Dieu personnel, providence, législateur, juge
suprême, qui sert d'idéal à la vertu de l'homme, la
croyance à une sanction future et à l'immortalité de
l'âme. Quand on aura dit que l'*Ethique à Nicomaque*
contient plusieurs vues neuves et du plus grand intérêt,
qu'elle est riche en observations fines et judicieuses, que
l'auteur a eu le mérite de montrer le premier l'influence
de l'habitude sur nos déterminations, en sorte que la
vertu peut être envisagée comme un système d'habitudes
bien réglées et le vice comme un système de mauvaises
habitudes, qu'il a bien démêlé le rôle important que
jouent les divers sentiments dans nos déterminations,
sans méconnaître la prééminence naturelle et nécessaire
que l'on doit accorder à la raison, finement analysé le
plaisir, montré . que les vrais plaisirs sont ceux de
l'homme de bien qui agit suivant la raison, que le bonheur n'est pas dans l'amusement, mais dans la pratique
des différentes vertus, que le sage est l'homme le plus
heureux, etc., quelle conclusion finale pourra-t-on tirer
de son ouvrage ? Qu'il faut être vertueux et sage pour
être heureux : fort bien ; mais suffit-il, pour persuader à
l'homme de pratiquer la vertu, de lui promettre qu'il y
trouvera le bonheur, surtout quand on met ce bonheur
dans l'exercice le plus parfait possible de la pure pensée ?
Non : on ne fera jamais l'homme vraiment vertueux
qu'en lui montrant le devoir comme l'accomplissement
de la volonté d'un Dieu à qui il devra rendre compte de
l'observation ou de la violation de sa loi. La croyance en
ce Dieu législateur et juge suprême donne seule à la
règle, reconnue obligatoire par notre raison, une autorité souveraine avec la certitude d'une infaillible sanction. L'intelligence des notions morales n'est parfaite,

et leur application dans la vie de chacun n'est vraiment aussi complète que possible, que quand la loi morale est considérée comme l'expression de la volonté de Celui qui est le principe de tout bien, de toute justice, de toute loi, et quand toutes nos actions, avec un désintéressement parfait, lui sont rapportées comme à leur véritable fin.

ΑΡΙΣΤΟΤΕΛΟΥΣ

ΗΘΙΚΩΝ ΝΙΚΟΜΑΧΕΙΩΝ Κ

ΠΕΡΙ ΗΔΟΝΗΣ ΚΑΙ ΕΥΔΑΙΜΟΝΙΑΣ.

I

Le plaisir et la peine influent sur toute notre existence. Le
plaisir est, pour les uns, le bien par excellence; d'autres le jugent
un mal, moins toutefois par conviction que dans la persuasion qu'il
est utile de le faire envisager comme tel aux hommes. Mais leurs
discours risquent d'être démentis par les faits, ce qui est toujours
regrettable.

Μετὰ δὲ ταῦτα[1] περὶ ἡδονῆς ἴσως ἕπεται διελθεῖν ·
μάλιστα γὰρ δοκεῖ συνῳκειῶσθαι τῷ γένει ἡμῶν · διὸ
παιδεύουσι τοὺς νέους, οἰακίζοντες ἡδονῇ καὶ λύπῃ ·
δοκεῖ δὲ καὶ πρὸς τὴν τοῦ ἤθους ἀρετὴν[2] μέγιστον εἶναι
τὸ χαίρειν οἷς δεῖ, καὶ μισεῖν ἃ δεῖ · διατείνει γὰρ ταῦτα

1. Les deux chapitres précédents traitent de l'amitié, qu'Aristote considère comme une vertu
et qu'il fait rentrer dans sa
théorie des conditions du bonheur.
    2. *La vertu des mœurs* ou morale. Il faut se souvenir qu'Aristote distingue les vertus intellectuelles (prudence, science,
jugement, sagesse) et les vertus
morales (courage, tempérance,
libéralité, magnificence, magnanimité, douceur. justice, etc.)

διὰ παντὸς τοῦ βίου, ῥοπὴν ἔχοντα καὶ δύναμιν πρὸς ἀρετήν τε καὶ τὸν εὐδαίμονα βίον· τὰ μὲν γὰρ ἡδέα προαιροῦνται, τὰ δὲ λυπηρὰ φεύγουσιν.

Ὑπὲρ δὲ τῶν τοιούτων ἥκιστα ἂν δόξειε παρετέον εἶναι· ἄλλως τε καὶ πολλὴν ἐχόντων ἀμφισβήτησιν· οἱ μὲν γὰρ τἀγαθὸν ἡδονὴν λέγουσιν, οἱ δ' ἐξ ἐναντίας κομιδῇ φαῦλον· οἱ μὲν ἴσως πεπεισμένοι οὕτω καὶ ἔχειν, οἱ δὲ οἰόμενοι βέλτιον εἶναι πρὸς τὸν βίον ἡμῶν ἀποφαίνειν τὴν ἡδονὴν τῶν φαύλων, καὶ εἰ μὴ ἐστί· ῥέπειν γὰρ τοὺς πολλοὺς πρὸς αὐτήν, καὶ δουλεύειν ταῖς ἡδοναῖς· διὸ δεῖν εἰς τοὐναντίον ἀνάγειν· ἐλθεῖν γὰρ ἂν οὕτως ἐπὶ τὸ μέσον.

Μή ποτε δὲ οὐ καλῶς τοῦτο λέγεται· οἱ γὰρ περὶ τῶν ἐν τοῖς πάθεσι καὶ ταῖς πράξεσι λόγοι ἧττόν εἰσι πιστοὶ τῶν ἔργων· ὅταν οὖν διαφωνῶσι τοῖς κατὰ τὴν αἴσθησιν, καταφρονούμενοι καὶ τἀληθὲς προσαναιροῦσιν· ὁ γὰρ ψέγων τὴν ἡδονήν, ὀφθείς ποτε ἐφιέμενος, ἀποκλίνειν δοκεῖ πρὸς αὐτήν, ὡς τοιαύτην οὖσαν ἅπασαν· τὸ διορίζειν γὰρ οὐκ ἔστι τῶν πολλῶν.

Ἐοίκασιν οὖν οἱ ἀληθεῖς τῶν λόγων οὐ μόνον πρὸς τὸ εἰδέναι χρησιμώτατοι εἶναι, ἀλλὰ καὶ πρὸς τὸν βίον· συνῳδοὶ γὰρ ὄντες τοῖς ἔργοις, πιστεύονται· διὸ προτρέπονται τοὺς ξυνιέντας ζῆν κατ' αὐτούς. Τῶν μὲν οὖν τοιούτων ἅλις· τὰ δὲ εἰρημένα περὶ τῆς ἡδονῆς ἐπέλθωμεν.

II

Eudoxe regardait le plaisir comme le bien absolu, par cette raison que tous les êtres animés cherchent le plaisir et fuient la douleur. Son raisonnement prouve peut-être que le plaisir est un bien, mais non qu'il est le souverain bien, car en y ajoutant la sagesse, on le fait plus désirable. Platon essaie de réfuter Eudoxe, mais par des arguments qui ne sont pas tout à fait décisifs.

1. Εὔδοξος[1] μὲν οὖν τὴν ἡδονὴν τἀγαθὸν ᾤετο εἶναι, διὰ τὸ πάνθ' ὁρᾶν ἐφιέμενα αὐτῆς, καὶ ἔλλογα καὶ ἄλογα· ἐν πᾶσι δ' εἶναι τὸ αἱρετὸν, ἐπιεικές[2] καὶ τὸ μάλιστα, κράτιστον· τὸ δὲ πάντ' ἐπὶ τὸ αὐτὸ φέρεσθαι, ὡς πᾶσιν ἄριστον μηνύειν· ἕκαστον γὰρ τὸ αὑτῷ ἀγαθὸν εὑρίσκειν, ὥσπερ καὶ τροφήν· τὸ δὴ πᾶσιν ἀγαθὸν, καὶ οὗ πάντ' ἐφίεται, τἀγαθὸν εἶναι· ἐπιστεύοντο δ' οἱ λόγοι διὰ τὴν τοῦ ἤθους ἀρετὴν μᾶλλον, ἢ δι' αὑτούς· διαφερόντως γὰρ ἐδόκει σώφρων εἶναι· οὐ δὴ ὡς φίλος τῆς ἡδονῆς ἐδόκει ταῦτα λέγειν, ἀλλ' οὕτως ἔχειν κατ' ἀλήθειαν.

Οὐχ ἧττον δ' ᾤετο εἶναι φανερὸν ἐκ τοῦ ἐναντίου· τὴν γὰρ λύπην καθ' αὑτὸ πᾶσι φευκτὸν εἶναι· ὁμοίως δὲ τὸ ἐναντίον αἱρετόν· μάλιστα δὲ εἶναι αἱρετὸν, ὃ μὴ δι' ἕτερον, μηδ' ἑτέρου χάριν αἱρούμεθα· τοιοῦτον δ' ὁμολογουμένως εἶναι τὴν ἡδονήν· οὐδένα γὰρ ἐπερωτᾶν

---

1. Eudoxe, de Cnide, disciple de Platon, célèbre par ses connaissances en mathématiques, en médecine, en philosophie. Il donna des lois à sa patrie, et la confiance de ses concitoyens semble justifier les éloges que lui décerne Aristote.

2. L'adjectif ἐπιεικής signifie avant tout *convenable* : mais dans la langue d'Aristote il est souvent employé pour qualifier un homme qui vit comme il faut, avec modération, équité, indulgence, et aussi avec distinction et noblesse. Ici il est à peu près synonyme de ἀγαθός.

τίνος ἕνεκα ἥδεται, ὡς καθ' αὑτὴν οὖσαν αἱρετὴν τὴν
ποιεῖν· οἷον τῷ δικαιοπραγεῖν καὶ σωφρονεῖν· καὶ αὔξεσθαι
δὴ τὸ ἀγαθὸν αὐτὸ ἑαυτῷ.

ἡδονήν, προστιθεμένην τε ὁτῳοῦν τῶν ἀγαθῶν, αἱρετώτερον

Ἔοικε δὴ οὗτός γε ὁ λόγος τῶν ἀγαθῶν αὐτὴν
ἀποφαίνειν, καὶ οὐδὲν μᾶλλον ἑτέρου· πᾶν γὰρ μεθ'
ἑτέρου ἀγαθοῦ αἱρετώτερον, ἢ μονούμενον. Τοιούτῳ δὴ
λόγῳ καὶ Πλάτων ἀναιρεῖ, ὅτι οὐκ ἔστιν ἡδονὴ τἀγαθόν·
αἱρετώτερον γὰρ εἶναι μετὰ φρονήσεως τὸν ἡδὺν βίον, ἢ
χωρίς· εἰ δὲ τὸ μικτὸν κρεῖττον, οὐκ εἶναι τὴν ἡδονὴν τἀ-
γαθόν· οὐδενὸς γὰρ προστεθέντος αὐτῷ, τἀγαθὸν αἱρετώτερον γίνεσθαι· δῆλον δ' ὡς οὐδ' ἄλλο οὐδὲν τἀγαθὸν ἂν εἴη,
ὃ μετά τινος τῶν καθ' αὑτὰ ἀγαθῶν αἱρετώτερον γίνεται.

Τί οὖν ἐστι τοιοῦτον, οὗ καὶ ἡμεῖς κοινωνοῦμεν;
τοιοῦτον γὰρ ἐπιζητεῖται· οἱ δ' ἐνιστάμενοι ὡς οὐκ ἀγαθὸν,
οὗ πάντ' ἐφίεται, μὴ οὐδὲν λέγωσιν[1]· ὃ γὰρ πᾶσι δοκεῖ,
τοῦτο εἶναί φαμεν· ὁ δ' ἀναιρῶν ταύτην τὴν πίστιν, οὐ πάνυ
πιστότερα ἐρεῖ· εἰ μὲν γὰρ τὰ ἀνόητα ὠρέγετο αὐτῶν, ἦν
ἄν τι τὸ λεγόμενον· εἰ δὲ καὶ τὰ φρόνιμα, πῶς λέγοιεν
ἂν τι; ἴσως δὲ καὶ ἐν τοῖς φαύλοις ἐστί τι φυσικὸν ἀγαθὸν
κρεῖττον ἢ καθ' αὑτὰ, ὃ ἐφίεται τοῦ οἰκείου ἀγαθοῦ[2].

Οὐκ ἔοικε δὲ οὐδὲ περὶ τοῦ ἐναντίου καλῶς λέγεσθαι·
οὐ γάρ φασιν[3], εἰ ἡ λύπη κακόν ἐστι, τὴν ἡδονὴν ἀγαθὸν

---

1. Avant μὴ λέγωσι on peut
sous entendre δέος ἐστί. Μὴ
λέγωσιν οὐδέν : *qu'ils ne disent
rien*, c'est-à-dire *rien de fondé*

2. L'auteur, par ce principe
supérieur aux animaux et qui
leur fait dé-irer leur bien propre,
désigne manifestement l'instinct.

3. Οὐ avec deux verbes doit
changer le plus souvent de place
dans la traduction : ainsi οὐ
φημι ἔχειν ne doit pas se traduire : *Je ne dis pas que j'ai*,
mais : *je dis, j'affirme que je n'ai
pas*. Appliquer cette observation
à la phrase οὐ γάρ φασι, κ.τ.λ.

εἶναι · ἀντικεῖσθαι γὰρ κακὸν κακῷ, καὶ ἄμφω τῷ μηδέ-
τερα [1], λέγοντες · ταῦτα δ’ οὐ κακῶς · οὐ μὴν ἐπί γε τῶν
εἰρημένων ἀληθεύοντες · ἀμφοῖν μὲν γὰρ ὄντων κακῶν,
καὶ φευκτὰ ἔδει εἶναι ἄμφω · τῶν μηδετέρων δὲ μηδέ-
τερον [2], ἢ ὁμοίως · νῦν δὲ φαίνονται τὴν μὲν φεύγοντες ὡς
κακὸν, τὴν δ’ αἱρούμενοι ὡς ἀγαθόν · οὕτω δὴ καὶ ἀντί-
κειται.

III

Le plaisir, dit-on, n’est pas une qualité : ce ne serait pas un
raison pour ne pas le mettre au nombre des biens. Il est, dit-on
encore, génération et mouvement ; par conséquent il est toujours
imparfait et n’est pas le bien en soi, le bien absolu. Non, sans
doute, le plaisir n’est pas un mouvement : il n’est susceptible ni
de vitesse ni de lenteur; il n’est pas génération, car il n’est
pas dans le temps ; tout plaisir ne vient pas d’un vide à remplir,
d’un besoin dont il soit la satisfaction, puisque tout plaisir n’est
pas précédé de douleur. On a tort de ne considérer que les plaisirs
des sens et de ne pas tenir compte de ceux de l’intelligence. On
est autorisé à penser qu’il y a des plaisirs désirables par eux-
mêmes, mais qui diffèrent d’espèce, ou à raison des causes qui les
produisent.

Οὐ μὴν οὐδ’ εἰ μὴ τῶν ποιοτήτων ἐστὶν ἡ ἡδονή,
διὰ τοῦτ’ οὐδὲ τῶν ἀγαθῶν [3] · οὐδὲ γὰρ αἱ τῆς

1. Exemple d’une de ces ellipses forcées comme on en trouve
souvent dans Aristote et qui
rendent sa pensée presque insai-
sissable : *Ils affirment cela*, di-
sant qu’un mal *peut* être opposé
à un mal, et que tous deux *peuvent être opposés* à une chose
qui n’est ni l’un ni l’autre,
c’est-à-dire qui est i diffé-
rente.

2. Même observation : Mais
ni l’un ni l’autre *n’étant des maux,*
ni l’un ni l’autre *ne sont à éviter,*
ou *ils le sont* également.

3. La négation *où* retombe
également sur la seconde partie
de la phrase, de manière qu’il
faut traduire littéralement : *Il
n’est pas pour cela non un des
biens, c’est-à-dire ce n’est pas une
raison pour qu’il ne soit pas*, etc.

ἀρετῆς ἐνέργειαι ποιότητές εἰσιν· οὐδ' ἡ εὐδαιμονία.

Λέγουσι δὲ τὸ μὲν ἀγαθὸν ὡρίσθαι, τὴν δ' ἡδονὴν ἀόριστον εἶναι[1], ὅτι δέχεται τὸ μᾶλλον καὶ τὸ ἧττον. Εἰ μὲν οὖν ἐκ τοῦ ἥδεσθαι τοῦτο κρίνουσι, καὶ περὶ τὴν δικαιοσύνην καὶ τὰς ἄλλας ἀρετάς, καθ' ἃς ἐναργῶς φασι μᾶλλον καὶ ἧττον τοὺς ποιοὺς ὑπάρχειν καὶ κατὰ τὰς ἀρετάς, ἔσται τὸ αὐτό· δίκαιοι γάρ εἰσι μᾶλλον καὶ ἀνδρεῖοι· ἔστι δὲ καὶ δικαιοπραγεῖν καὶ σωφρονεῖν μᾶλλον καὶ ἧττον· εἰ δ' ἐν ταῖς ἡδοναῖς, μή ποτ' οὐ λέγουσι τὸ αἴτιον, ἐὰν ὦσιν αἱ μὲν ἀμιγεῖς, αἱ δὲ μικταί.

Τί κωλύει δέ, καθάπερ ἡ ὑγίεια, ὡρισμένη οὖσα, δέχεται τὸ μᾶλλον καὶ ἧττον, οὕτω καὶ τὴν ἡδονήν; οὐ γὰρ ἡ αὐτὴ συμμετρία ἐν πᾶσίν ἐστιν, οὐδ' ἐν τῷ αὐτῷ μία τις ἀεί, ἀλλὰ ἀνειμένη διαμένει ἕως τινός, καὶ διαφέρει τῷ μᾶλλον καὶ ἧττον· τοιοῦτο δὴ καὶ τὸ περὶ τὴν ἡδονὴν ἐνδέχεται εἶναι.

Τέλειόν τε τἀγαθὸν τιθέντες, τὰς δὲ κινήσεις καὶ τὰς γενέσεις[2] ἀτελεῖς, τὴν ἡδονὴν κίνησιν καὶ γένεσιν ἀποφαίνειν πειρῶνται· οὐ καλῶς δ' ἐοίκασι λέγειν, οὐδ' εἶναι κίνησιν· πάσῃ γὰρ οἰκεῖον εἶναι δοκεῖ τάχος καὶ βραδυτής· καὶ εἰ μὴ καθ' αὑτήν, οἷον τὸ τοῦ κόσμου, πρὸς ἄλλο[3]· τῇ

---

1. Ἀόριστος signifiant *indéterminé, indéfini, ce qui est susceptible de plus ou de moins*, il faut traduire ὡρίσθαι par *être fini*, et le fini, en ce sens, c'est ce qui est complet en soi, ce à quoi on ne peut ôter ni ajouter.

2. Le mot γένεσις n'a pas que le sens de *naissance*. En le traduisant par *génération*, il faut l'entendre comme exprimant un *devenir*, une sorte de mouvement progressif, le développement d'une chose qui, imparfaite, tend à un état plus parfait, sans pouvoir y arriver jamais.

3. Ellipse des plus fortes. Voici le sens : « La vitesse et la lenteur semblent choses propres à tout mouvement, sinon *au mouvement* par lui-même, absolu, tel que celui de l'univers, du moins *au mouvement* par rapport à autre chose, relatif. »

δ’ ἡδονῇ τούτων οὐδέτερον ὑπάρχει · ἡσθῆναι μὲν γὰρ
ἔστι ταχέως, ὥσπερ ὀργισθῆναι · ἥδεσθαι δ’ οὔ · οὐδὲ πρὸς
ἕτερον · βαδίζειν δὲ καὶ αὔξεσθαι, καὶ πάντα τὰ τοιαῦτα ·
μεταβάλλειν μὲν οὖν εἰς τὴν ἡδονὴν ταχέως καὶ βραδέως
ἐστιν · ἐνεργεῖν δὲ κατ’ αὐτὴν ταχέως οὐκ ἔστι · λέγω δὲ
ἥδεσθαι[1].

Γένεσίς τε πῶς ἂν εἴη; δοκεῖ γὰρ οὐκ ἐκ τοῦ τυχόντος
τὸ τυχὸν γίγνεσθαι, ἀλλ’ ἐξ οὗ γίγνεται, εἰς τοῦτο δια-
λύεσθαι · καὶ οὗ γένεσις ἡ ἡδονή, τούτου ἡ λύπη φθορά.

Καὶ λέγουσι δὲ τὴν μὲν λύπην ἔνδειαν εἶναι τοῦ κατά
φύσιν, τὴν δ’ ἡδονὴν ἀναπλήρωσιν · ταῦτα δὲ σωματικὰ
ἐστι πάθη · εἰ δή ἐστι τοῦ κατὰ φύσιν ἀναπλήρωσις ἡδονή,
ἐν ᾧ ἡ ἀναπλήρωσις, τοῦτ’ ἂν καὶ ἥδοιτο · τὸ σῶμα ἄρα ·
οὐ δοκεῖ δέ · οὐκ ἔστιν ἄρα ἀναπλήρωσις ἡ ἡδονή · ἀλλὰ
γινομένης μὲν ἀναπληρώσεως, ἥδοιτο ἄν τις, καὶ τεμνόμενος[2] λυποῖτο · ἡ δόξα δ’ αὕτη δοκεῖ γεγενῆσθαι ἐκ τῶν
περὶ τὴν τροφὴν λυπῶν καὶ ἡδονῶν · ἐνδεεῖς γὰρ γινομένους
καὶ προλυπηθέντας, ἥδεσθαι τῇ ἀναπληρώσει.

Τοῦτο δ’ οὐ περὶ πάσας συμβαίνει τὰς ἡδονάς · ἄλυποι
γάρ εἰσιν αἵ τε μαθηματικαί, καὶ τῶν κατὰ τὰς αἰσθήσεις αἱ διὰ τῆς ὀσφρήσεως · καὶ ἀκροάματα δὲ καὶ
ὁράματα · πολλαὶ δὲ καὶ μνῆμαι καὶ ἐλπίδες · τίνος
οὖν αὗται γενέσεις ἔσονται; οὐδενὸς γὰρ ἔνδεια γεγένην-
ται, οὗ γένοιτ’ ἂν ἀναπλήρωσις.

Πρὸς δὲ τοὺς προφέροντας τὰς ἐπονειδίστους τῶν

---

1. Autre ellipse aussi remar-
quable : « Je dis qu’avoir un
plaisir actuel avec vitesse n’est
pas chose possible. »
2. Le mot τεμνόμενος signifie :

qui est coupé, amputé, ou qui se
coupe. Il ne peut être pris ici que
dans le sens métaphorique : étant
privé.

ἡδονῶν, λέγοι τις ἂν ὅτι οὐκ ἔστι ταῦθ' ἡδέα· οὐ γὰρ εἰ τοῖς κακῶς διακειμένοις ἡδέα ταῦτ' ἐστίν, οἰητέον αὐτὰ καὶ ἡδέα εἶναι ἁπλῶς, πλὴν τούτοις, καθάπερ οὐδὲ τὰ τοῖς κάμνουσιν ὑγιεινά, ἢ γλυκέα, ἢ πικρά· οὐδ' αὖ λευκὰ τὰ φαινόμενα τοῖς ὀφθαλμιῶσιν.

Ἢ οὕτω δὴ λέγοιτ' ἂν, ὅτι αἱ μὲν ἡδοναὶ αἱρεταί εἰσιν· οὐ μὴν ἀπό γε τούτων· ὥσπερ καὶ τὸ πλουτεῖν, προδόντι δ' οὔ, καὶ τὸ ὑγιαίνειν, οὐ μὴν ὁτιοῦν φαγόντι.

Ἢ ὅτι τῷ εἴδει διαφέρουσιν αἱ ἡδοναί; ἕτεραι γὰρ αἱ ἀπὸ τῶν καλῶν, τῶν ἀπὸ τῶν αἰσχρῶν, καὶ οὐκ ἔστιν ἡσθῆναι τὴν τοῦ δικαίου, μὴ ὄντα δίκαιον, μηδὲ τὴν τοῦ μουσικοῦ, μὴ ὄντα μουσικόν· ὁμοίως δὲ καὶ ἐπὶ τῶν ἄλλων.

Ἐμφανίζειν δὲ δοκεῖ καὶ ὁ φίλος, ἕτερος ὢν τοῦ κόλακος, οὐκ οὖσαν ἀγαθὸν τὴν ἡδονήν, ἢ διαφέρουσ' εἴδει· ὁ μὲν γὰρ πρὸς τὸ ἀγαθὸν ὁμιλεῖν δοκεῖ, ὁ δὲ πρὸς ἡδονήν· καὶ τὸ μὲν ὀνειδίζεται, τὸ δ' ἐπαινοῦσιν, ὡς πρὸς ἕτερα ὁμιλοῦντα.

Οὐδεὶς δ' ἂν ἕλοιτο ζῆν παιδίου διάνοιαν ἔχων διὰ βίου, ἡδόμενος ἐφ' οἷς τὰ παιδία, ὡς οἴονται, μάλιστα· οὐδὲ χαίρειν, ποιῶν τι τῶν αἰσχίστων, μηδέ ποτε μέλλων λυπηθῆναι. Περὶ πολλά τε σπουδὴν ποιησαίμεθ' ἄν, καὶ εἰ μηδεμίαν ἐπιφέροι ἡδονήν, οἷον ὁρᾶν, μνημονεύειν, εἰδέναι, τὰς ἀρετὰς ἔχειν· εἰ δ' ἐξ ἀνάγκης ἕπονται τούτοις ἡδοναί, οὐδὲν διαφέρει· ἑλοίμεθα γὰρ ἂν ταῦτα, καὶ εἰ μὴ γένοιτ' ἂν ἀπ' αὐτῶν ἡδονή.

Ὅτι μὲν οὖν οὔτε τἀγαθὸν ἡ ἡδονή, οὔτε πᾶσα αἱρετή, δῆλον ἔοικεν εἶναι, καὶ ὅτι εἰσὶν αἱρεταί τινες καθ' αὑτάς, διαφέρουσαι τῷ εἴδει, ἢ τῷ ἀφ' ὧν· τὰ μὲν οὖν λεγόμενα περὶ τῆς ἡδονῆς καὶ λύπης ἱκανῶς εἰρήσθω.

IV

Oui, on a tort de dire que le plaisir soit génération ou mouvement, car cela ne peut se dire que des choses divisibles et ne formant point un tout. Or le plaisir existe indépendamment de la condition du temps; celui qu'on éprouve dans un moment indivisible est quelque chose de complet et d'entier. Le plaisir est dans notre activité. S'il n'y a pas de plaisir constant, c'est à cause de la faiblesse naturelle de l'homme, qui ne lui permet pas de supporter un état de continuelle activité. La vie est un plaisir, car la vie est un acte. Le plaisir nous arrive par tous les sens; c'est lui qui fortifie et perfectionne tous nos actes, parce que nous faisons mieux ce qui nous plaît.

Τί δ' ἐστίν, ἢ ποῖόν τι, καταφανέστερον γένοιτ' ἂν ἀπ' ἀρχῆς ἀναλαβοῦσι. Δοκεῖ γὰρ ἡ μὲν ὅρασις καθ' ὁντινοῦν χρόνον τελεία εἶναι · οὐ γάρ ἐστιν ἐνδεὴς οὐδενός, ὃ εἰς ὕστερον γενόμενον τελειώσει αὐτῆς τὸ εἶδος · τοιούτῳ δ' ἔοικε καὶ ἡ ἡδονή · ὅλον γάρ τί ἐστι · καὶ κατ' οὐδένα χρόνον λάβοι τις ἂν ἡδονήν · ἧς ἐπὶ πλείω χρόνον γινομένης, τελειωθήσεται τὸ εἶδος.

Διόπερ οὐδὲ κίνησίς ἐστιν · ἐν χρόνῳ γὰρ πᾶσα κίνησις, καὶ τέλους τινός, οἷον ἡ οἰκοδομικὴ τελεία, ὅταν ποιήσῃ οὗ ἐφίεται · ἢ ἐν ἅπαντι δὴ τῷ χρόνῳ, ἢ ἐν τούτῳ · ἐν δὲ τοῖς μέρεσι τοῦ χρόνου πᾶσαι ἀτελεῖς, καὶ ἕτεραι τῷ εἴδει τῆς ὅλης καὶ ἀλλήλων · ἡ γὰρ τῶν λίθων σύνθεσις ἑτέρα τῆς τοῦ κίονος ῥαβδώσεως, καὶ αὗται τῆς τοῦ ναοῦ ποιήσεως · καὶ ἡ μὲν τοῦ ναοῦ, τελεία · οὐδενὸς γὰρ ἐνδεὴς πρὸς τὸ προκείμενον · ἡ δὲ τῆς κρηπῖδος καὶ τοῦ τριγλύφου, ἀτελής · μέρους γὰρ ἑκατέρα. Τῷ εἴδει οὖν διαφέρουσι, καὶ οὐκ ἔστιν ἐν ὁτῳοῦν χρόνῳ λαβεῖν κίνησιν τελείαν τῷ εἴδει· ἀλλ' εἴπερ, ἐν τῷ παντί [1].

Ὁμοίως δὲ καὶ ἐπὶ βαδίσεως καὶ τῶν λοιπῶν· εἰ γάρ ἐστιν ἡ φορὰ κίνησις πόθεν ποῖ, καὶ ταύτης διαφοραὶ κατ' εἶδος, πτῆσις, βάδισις, ἅλσις, καὶ τὰ τοιαῦτα· οὐ μόνον δὲ οὕτως, ἀλλὰ καὶ ἐν αὐτῇ τῇ βαδίσει· τὸ γὰρ πόθεν ποῖ, οὐ ταὐτὸν ἐν τῷ σταδίῳ καὶ τῷ μέρει, καὶ ἐν ἑτέρῳ καὶ ἑτέρῳ μέρει, οὐδὲ τὸ διεξιέναι τὴν γραμμὴν τήνδε κἀκείνην· οὐ μόνον γὰρ γραμμὴν διαπορεύεται, ἀλλὰ καὶ ἐν τῷ τόπῳ οὖσαν· ἐν ἑτέρῳ δ' αὕτη ἐκείνης. Δι' ἀκριβείας μὲν οὖν περὶ κινήσεως ἐν ἄλλοις εἴρηται· ἔοικε δ' οὐκ ἐν ἅπαντι χρόνῳ τελεία εἶναι, ἀλλ' αἱ πολλαὶ ἀτελεῖς καὶ διαφέρουσαι τῷ εἴδει, εἴπερ τὸ πόθεν ποῖ εἰδοποιόν.

Τῆς ἡδονῆς δ' ἐν ὁτῳοῦν χρόνῳ τέλειον τὸ εἶδος· δῆλον οὖν ὡς ἕτεραί τε ἂν εἶεν ἀλλήλων, καὶ τῶν ὅλων τι καὶ τελείων ἡ ἡδονή· δόξειε δ' ἂν τοῦτο καὶ ἐκ τοῦ μὴ ἐνδέχεσθαι κινεῖσθαι μὴ ἐν χρόνῳ, ἥδεσθαι δέ· τὸ γὰρ ἐν τῷ νῦν, ὅλον τι· ἐκ τούτων δὲ δῆλον, καὶ ὅτι οὐ καλῶς λέγουσι κίνησιν ἢ γένεσιν εἶναι τὴν ἡδονήν· οὐ γὰρ πάντων ταῦτα λέγεται, ἀλλὰ τῶν μεριστῶν καὶ μὴ ὅλων· οὐδὲ γὰρ ὁράσεώς ἐστι γένεσις, οὐδὲ στιγμῆς, οὐδὲ μονάδος· οὐδὲ τούτων οὐδὲ κίνησις, οὐδὲ γένεσις, οὐδὲ δὴ ἡδονῆς· ὅλον γάρ τι.

Αἰσθήσεως δὲ πάσης πρὸς τὸ αἰσθητὸν ἐνεργούσης, τελείως δὲ τῆς εὖ διακειμένης πρὸς τὸ κάλλιστον τῶν

---

1. Ellipse : la phrase complète serait : ἀλλ' εἴπερ ἔστι λαβεῖν κίνησιν τελείαν, ἔστι λαβεῖν ἐν τῷ παντί. *Dans le tout,* c'est-à-dire dans l'ensemble des mouvements nécessaires pour l'achèvement d'un tout.

ὑπὸ τὴν αἴσθησιν κειμένων (τοιοῦτον γὰρ μάλιστ᾽ εἶναι δοκεῖ ἡ τελεία ἐνέργεια · αὐτὴν δὲ λέγειν ἐνεργεῖν, ἢ ἐν ᾧ ἐστι, μηδὲν διαφερέτω·), καθ᾽ ἕκαστον δὲ βελτίστη ἐστὶν ἡ ἐνέργεια τοῦ ἄριστα διακειμένου πρὸς τὸ κράτιστον τῶν ὑφ᾽ αὐτήν · αὕτη δ᾽ ἂν τελειοτάτη εἴη καὶ ἡδίστη · κατὰ πᾶσαν γὰρ αἴσθησίν ἐστιν ἡδονή, ὁμοίως δὲ καὶ διάνοιαν καὶ θεωρίαν, ἡδίστη δὲ ἡ τελειοτάτη · τελειοτάτη δὲ ἡ τοῦ εὖ ἔχοντος πρὸς τὸ σπουδαιότατον τῶν ὑφ᾽ αὐτήν.

Τελειοῖ δὲ τὴν ἐνέργειαν ἡ ἡδονή · οὐ τὸν αὐτὸν δὲ τρόπον ἥτε ἡδονὴ τελειοῖ καὶ τὸ αἰσθητόν τε καὶ ἡ αἴσθησις, σπουδαῖα[1] ὄντα · ὥσπερ οὐδὲ ἡ ὑγίεια καὶ ὁ ἰατρὸς ὁμοίως αἴτιά ἐστι τοῦ ὑγιαίνειν.

Καθ᾽ ἑκάστην δ᾽ αἴσθησιν ὅτι γίνεται ἡ ἡδονή, δῆλον · φαμὲν γὰρ ὁράματα καὶ ἀκούσματα εἶναι ἡδέα · δῆλον δὲ καὶ ὅτι μάλιστα, ἐπειδὰν ἥτε αἴσθησις ᾖ κρατίστη, καὶ πρὸς τοιοῦτον ἐνεργῇ · τοιούτων δὲ ὄντων, τοῦ τε αἰσθητοῦ καὶ τοῦ αἰσθανομένου, ἀεὶ ἔσται ἡδονή, ὑπάρχοντός γε τοῦ ποιήσοντος καὶ τοῦ πεισομένου.

Τελειοῖ δὲ τὴν ἐνέργειαν ἡ ἡδονή, οὐχ ὡς ἡ ἕξις ἐνυπάρχουσα, ἀλλ᾽ ὡς ἐπιγιγνόμενόν τι τέλος, οἷον τοῖς ἀκμαίοις[2] ἡ ὥρα · ἕως δ᾽ οὗ ἂν ποτε τὸ αἰσθητὸν ᾖ νοητὸν ᾖ, οἷον δεῖ, καὶ τὸ κρῖνον ἢ θεωροῦν, ἔσται ἐν τῇ ἐνεργείᾳ ἡ ἡδονή · ὁμοίων γὰρ ὄντων, καὶ πρὸς

---

1. L'adjectif σπουδαῖος, venant de σπουδή, signifie *digne de soin* et *fait avec soin*. De là différents sens plus ou moins voisins : *important, intéressant, digne d'estime, bon, digne d'attention, vertueux, sérieux, de bonne qualité*, etc. C'est dans ce dernier cas qu'il faut le prendre ici.

2. Aristote veut parler de cette beauté (ὥρα) qui vient du développement des formes et de l'achèvement de l'ensemble des traits chez les hommes qui arrivent à la virilité.

ἄλληλα τὸν αὐτὸν τρόπον ἐχόντων τοῦ τε παθητικοῦ καὶ τοῦ ποιητικοῦ, τὸ αὐτὸ πέφυκε γίνεσθαι.

Πῶς οὖν οὐδεὶς συνεχῶς ἥδεται, ἢ κάμνει; πάντα γὰρ τὰ ἀνθρώπεια ἀδυνατεῖ συνεχῶς ἐνεργεῖν · οὐ γίνεται οὖν οὐδ' ἡδονή · ἕπεται γὰρ τῇ ἐνεργείᾳ · ἔνια δὲ τέρπει καινὰ ὄντα · ὕστερον δὲ οὐχ ὁμοίως διὰ ταῦτα · τὸ μὲν γὰρ πρῶτον παρακέκληται ἡ διάνοια, καὶ διατεταμένως περὶ αὐτὰ ἐνεργεῖ, ὥσπερ κατὰ τὴν ὄψιν οἱ ἐμβλέποντες · μετέπειτα δὲ οὐ γίνεται τοιαύτη ἡ ἐνέργεια, ἀλλὰ παρημελημένη · διὸ καὶ ἡ ἡδονὴ ἀμαυροῦται.

Ὀρέγεσθαι δὲ τῆς ἡδονῆς οἰηθείη τις ἂν ἅπαντας, ὅτι καὶ τοῦ ζῆν ἅπαντες ἐφίενται · ἡ δὲ ζωὴ ἐνέργειά τις ἐστι, καὶ ἕκαστος περὶ ταῦτα καὶ τούτοις ἐνεργεῖ, ἃ καὶ μάλιστα ἀγαπᾷ · οἷον ὁ μὲν μουσικὸς τῇ ἀκοῇ περὶ τὰ μέλη, ὁ δὲ φιλομαθὴς τῇ διανοίᾳ περὶ τὰ θεωρήματα · οὕτω δὲ καὶ τῶν λοιπῶν ἕκαστος · ἡ δὲ ἡδονὴ τελειοῖ τὰς ἐνεργείας · καὶ τὸ ζῆν δὲ, οὗ ὀρέγονται · εὐλόγως οὖν καὶ τῆς ἡδονῆς ἐφίενται · τελειοῖ γὰρ ἑκάστῳ τὸ ζῆν, αἱρετὸν ὄν.

Πότερον δὲ διὰ τὴν ἡδονὴν τὸ ζῆν αἱρούμεθα, ἢ διὰ τὸ ζῆν τὴν ἡδονήν, ἀφείσθω ἐν τῷ παρόντι · συνεζεῦχθαι μὲν γὰρ ταῦτα φαίνεται, καὶ χωρισμὸν οὐ δέχεσθαι · ἄνευ τε γὰρ ἐνεργείας οὐ γίνεται ἡδονή, πᾶσάν τε ἐνέργειαν τελειοῖ ἡ ἡδονή.

V

Nos actes sont de différentes espèces, et par conséquent aussi
nos plaisirs. Aussi on ne fait avec succès que ce qu'on fait avec
plaisir, et il est bien difficile de s'appliquer à certains actes, quand
on est tout entier au plaisir qui résulte d'autres actes. Comme il y
a des actes vertueux, il y a donc des plaisirs vertueux et louables,
et il y a aussi des plaisirs mauvais dont il faut s'abstenir. Les
vrais plaisirs sont ceux de l'homme de bien qui agit selon la
raison ; les autres ne méritent ce nom que d'une manière toute
relative.

Ὅθεν [1] δοκοῦσι καὶ τῷ εἴδει διαφέρειν · τὰ γὰρ
ἕτερα τῷ εἴδει ὑφ᾽ ἑτέρων οἰόμεθα τελειοῦσθαι · οὕτω
γὰρ φαίνεται καὶ τὰ φυσικά, καὶ τὰ ὑπὸ τέχνης, οἷον
ζῶα, καὶ δένδρα, καὶ γραφή, καὶ ἀγάλματα, καὶ οἰκία,
καὶ σκεῦος · ὁμοίως δὴ καὶ τὰς ἐνεργείας τὰς διαφερούσας
τῷ εἴδει ὑπὸ διαφερόντων τῷ εἴδει τελειοῦσθαι.

Διαφέρουσι δὲ αἱ τῆς διανοίας τῶν κατὰ τὰς αἰσθήσεις,
καὶ αὗται ἀλλήλων κατ᾽ εἶδος καὶ αἱ τελειοῦσαι δὴ
ἡδοναί · φανείη δ᾽ ἂν τοῦτο καὶ ἐκ τοῦ συνῳκειῶσθαι τῶν
ἡδονῶν ἑκάστην τῇ ἐνεργείᾳ ἣν τελειοῖ · συναύξει γὰρ
τὴν ἐνέργειαν ἡ οἰκεία ἡδονή · μᾶλλον γὰρ ἕκαστα κρίνουσι καὶ ἐξακριβοῦσιν οἱ μεθ᾽ ἡδονῆς ἐνεργοῦντες · οἷον
γεωμετρικοὶ γίνονται οἱ χαίροντες τῷ γεωμετρεῖν, καὶ
κατανοοῦσιν ἕκαστα μᾶλλον · ὁμοίως δὲ καὶ φιλόμουσοι,
καὶ φιλοικοδόμοι, καὶ τῶν ἄλλων ἕκαστοι ἐπιδιδόασιν [2]

---

1. Ὅθεν, mot de transition, qui rattache ce chapitre au précédent, comme ferait *unde* en latin.

2. Attique, pour ἐπιδιδοῦσι.

εἰς τὸ οἰκεῖον ἔργον, χαίροντες αὐτῷ· συναύξουσι δὴ αἱ ἡδοναί· τὰ δὲ συναύξοντα οἰκεῖα· τοῖς ἑτέροις δὲ τῷ εἴδει, καὶ τὰ οἰκεῖα ἕτερα τῷ εἴδει.

Ἔτι δὲ μᾶλλον τοῦτ' ἂν φανείη ἐκ τοῦ τὰς ἀφ' ἑτέρων ἡδονὰς ἐμποδίους ταῖς ἐνεργείαις εἶναι· οἱ γὰρ φίλαυλοι ἀδυνατοῦσι τοῖς λόγοις προσέχειν, ἐὰν κατακούσωσιν αὐλοῦντος, μᾶλλον χαίροντες αὐλητικῇ τῆς παρούσης ἐνεργείας· ἡ κατὰ τὴν αὐλητικὴν οὖν ἡδονὴ τὴν περὶ τὸν λόγον ἐνέργειαν φθείρει.

Ὁμοίως δὲ τοῦτο καὶ ἐπὶ τῶν ἄλλων συμβαίνει, ὅταν ἅμα περὶ δύο ἐνεργῇ· ἡ γὰρ ἡδίων τὴν ἑτέραν ἐκκρούει, καὶ ἐὰν πολὺ διαφέρῃ κατὰ τὴν ἡδονήν, μᾶλλον· ὥστε μηδὲ ἐνεργεῖν κατὰ τὴν ἑτέραν· διὸ χαίροντες ὁτῳοῦν σφόδρα οὐ πάνυ δρῶμεν ἕτερον, καὶ ἄλλα ποιοῦμεν, ἄλλοις ἠρέμα ἀρεσκόμενοι, οἷον καὶ ἐν τοῖς θεάτροις οἱ τραγηματίζοντες, ὅταν φαῦλοι οἱ ἀγωνιζόμενοι ὦσι, τότε μάλιστα αὐτὸ δρῶσιν[1].

Ἐπεὶ δ' ἡ μὲν οἰκεία ἡδονὴ ἐξακριβοῖ τὰς ἐνεργείας, καὶ χρονιωτέρας καὶ βελτίους ποιεῖ, αἱ δ' ἀλλότριαι λυμαίνονται, δῆλον ὡς πολὺ διεστᾶσι· σχεδὸν γὰρ αἱ ἀλλότριαι ἡδοναὶ ποιοῦσιν, ὅπερ αἱ οἰκεῖαι λῦπαι· φθείρουσι γὰρ τὰς ἐνεργείας αἱ οἰκεῖαι λῦπαι, οἷον εἴ τῳ τὸ γράφειν ἀηδὲς καὶ ἐπίλυπον, ἢ τὸ λογίζεσθαι[2]· ὁ μὲν οὐ γράφει, ὁ δὲ οὐ λογίζεται, λυπηρᾶς οὔσης τῆς ἐνεργείας· συμβαίνει δὴ περὶ τὰς ἐνεργείας τοὐναντίον ἀπὸ τῶν οἰκείων ἡδονῶν τε καὶ λυπῶν· οἰκεῖαι δ' εἰσὶν αἱ ἐπὶ τῇ ἐνεργείᾳ καθ' αὑτὴν γινόμεναι· αἱ δ' ἀλλότριαι ἡδοναί, εἴρηται ὅτι

---

1. *Font cela*, c'est-à-dire *mangent des friandises*.
2. Le verbe λογίζεσθαι signifie *raisonner* et *calculer*. C'est le second sens que nous croyons préférable.

παραπλήσιόν τι τῇ λύπῃ ποιοῦσι · φθείρουσι γὰρ, πλὴν οὐχ ὁμοίως.

Διαφερουσῶν δὲ τῶν ἐνεργειῶν ἐπιεικείᾳ καὶ φαυλότητι, καὶ τῶν μὲν αἱρετῶν οὐσῶν, τῶν δὲ φευκτῶν, τῶν δὲ οὐδετέρων, ὁμοίως ἔχουσι καὶ αἱ ἡδοναί · καθ' ἑκάστην γὰρ ἐνέργειαν οἰκεία ἡδονή ἐστιν · ἡ μὲν οὖν τῇ σπουδαίᾳ οἰκεία, ἐπιεικής · ἡ δὲ τῇ φαύλῃ, μοχθηρά · καὶ γὰρ αἱ ἐπιθυμίαι τῶν μὲν καλῶν ἐπαινεταί, τῶν δ' αἰσχρῶνὶ ψεκταί · οἰκειότεραι δὲ ταῖς ἐνεργείαις αἱ ἐν αὐταῖς ἡδονα τῶν ὀρέξεων · αἱ μὲν γὰρ διωρισμέναι εἰσὶ καὶ τοῖς χρόνοις, καὶ τῇ φύσει, αἱ δὲ σύνεγγυς ταῖς ἐνεργείαις, καὶ ἀδιόριστοι οὕτως, ὥστ' ἔχειν ἀμφισβήτησιν, εἰ ταὐτόν ἐστιν ἡ ἐνέργεια τῇ ἡδονῇ.

Οὐ μὴν ἔοικέ γε ἡδονὴ διάνοια εἶναι, οὐδ' αἴσθησις · ἄτοπον γάρ · ἀλλὰ διὰ τὸ μὴ χωρίζεσθαι φαίνεται ταὐτόν τισιν · ὥσπερ οὖν αἱ ἐνέργειαι ἕτεραι, καὶ αἱ ἡδοναί · διαφέρει δὲ ἡ ὄψις ἁφῆς καθαριότητι, καὶ ἀκοὴ καὶ ὄσφρησις γεύσεως · ὁμοίως δὴ διαφέρουσι καὶ αἱ ἡδοναί, καὶ τούτων αἱ περὶ τὴν διάνοιαν, καὶ ἑκάτεραι ἀλλήλων.

Δοκεῖ δ' εἶναι ἑκάστῳ ζώῳ καὶ ἡδονὴ οἰκεία, ὥσπερ καὶ ἔργον · ἡ γὰρ κατὰ τὴν ἐνέργειαν · καὶ ἐφ' ἑκάστῳ δὲ θεωροῦντι τοῦτ' ἂν φανείη · ἑτέρα γὰρ ἵππου ἡδονή, καὶ κυνὸς καὶ ἀνθρώπου, καθάπερ Ἡράκλειτός φησιν, ὄνον σύρματα[1] ἂν ἑλέσθαι μᾶλλον ἢ χρυσόν · ἥδιον γὰρ χρυσοῦ τροφὴ ὄνοις · αἱ μὲν οὖν τῶν ἑτέρων τῷ εἴδει, διαφέρουσιν εἴδει · τὰς δὲ τῶν αὐτῶν, ἀδιαφόρους εὔλογον εἶναι.

---

1. Σύρμα, de σύρω, *traîner,* *ramasser, balayer,* signifie : ce qu'on *ramasse avec le balai ou le râteau, broussailles,* etc. On peut donc traduire ici σύρματα par *mauvaises herbes,* ou *chardons,* puisqu'il s'agit de l'âne.

Διαλλάττουσι δὲ οὐ μικρὸν ἐπί γε τῶν ἀνθρώπων· τὰ γὰρ αὐτὰ τοὺς μὲν λυπεῖ, τοὺς δὲ τέρπει· καὶ τοῖς μὲν λυπηρὰ καὶ μισητά ἐστι, τοῖς δὲ ἡδέα καὶ φιλητά· καὶ ἐπὶ γλυκέων δὲ τοῦτο συμβαίνει· οὐ γὰρ τὰ αὐτὰ τῷ πυρέττοντι δοκεῖ καὶ τῷ ὑγιαίνοντι· οὐδὲ θερμὸν εἶναι τῷ ἀσθενεῖ καὶ τῷ εὐεκτικῷ· ὁμοίως δὲ καὶ ἐφ’ ἑτέρων τοῦτο συμβαίνει.

Δοκεῖ[1] δ’ ἐν ἅπασι τοῖς τοιούτοις εἶναι τὸ φαινόμενον τῷ σπουδαίῳ· εἰ δὲ τοῦτο καλῶς λέγεται, καθάπερ δοκεῖ, καὶ ἔστιν ἑκάστου μέτρον ἡ ἀρετή, καὶ ὁ ἀγαθός, ᾗ τοιοῦτος, καὶ ἡδοναὶ εἶεν ἂν αἱ τούτῳ φαινόμεναι· καὶ ἡδέα, οἷς οὗτος χαίρει· τὰ δὲ τούτῳ δυσχερῆ εἴ τῳ φαίνεται ἡδέα, οὐδὲν θαυμαστόν· πολλαὶ γὰρ φθοραὶ καὶ λῦμαι ἀνθρώπων γίνονται· ἡδέα δ’ οὐκ ἔστιν, ἀλλὰ τούτοις, καὶ οὕτω διακειμένοις.

Τὰς μὲν οὖν ὁμολογουμένως αἰσχρὰς, δῆλον ὡς οὐ φατέον ἡδονὰς εἶναι, πλὴν τοῖς διεφθαρμένοις· τῶν δ’ ἐπιεικῶν δοκουσῶν εἶναι, ποίαν ἢ τίνα[2] φατέον τοῦ ἀνθρώπου εἶναι; ἢ μὴ ἐκ[3] τῶν ἐνεργειῶν δῆλον; ταύταις γὰρ ἕπονται αἱ ἡδοναί. Εἴτ’ οὖν μία ἐστὶν, εἴτε πλείους αἱ τοῦ τελείου καὶ μακαρίου ἀνδρὸς, αἱ ταύτας τελειοῦσαι ἡδοναὶ κυρίως λέγοιντ’ ἂν ἀνθρώπου ἡδοναὶ εἶναι· αἱ δὲ λοιπαί, δευτέρως καὶ πολλοστῶς, ὥσπερ αἱ ἐνέργειαι.

---

1. Il faut traduire ici δοκεῖ par : *semble bon ou vrai*.

2. Ποίαν ἢ τίνα : la même différence de sens existe entre ces deux mots qu’entre *qualem* et *quam* en latin.

3. Le texte portait ἢ ἐκ τῶν.. Nous intercalons μή, qui rend le sens plus satisfaisant.

VI

Ici commence la théorie du bonheur. Le bonheur est la fin de toutes les choses humaines ; il est du nombre des choses qu'on doit préférer pour elles-mêmes, car il n'est pas quelque chose de passif, il est un acte, et, en fait d'actions, on doit préférer celles où l'on ne recherche rien de plus que l'activité elle-même. Le bonheur n'est pas dans l'amusement, car celui-ci n'est pas un but, il n'est qu'une préparation à l'action. Il faut préférer les actions sérieuses, celles qui sont agréables à l'homme vertueux, c'est-à-dire qui sont conformes à la vertu

Εἰρημένων δὲ τῶν περὶ τὰς ἀρετάς τε καὶ φιλίας καὶ ἡδονάς, λοιπὸν περὶ εὐδαιμονίας τύπῳ διελθεῖν, ἐπειδὴ τέλος αὐτὴν τίθεμεν τῶν ἀνθρωπίνων. Ἀναλαβοῦσι δὴ τὰ προειρημένα[1] συντομώτερος ἂν εἴη ὁ λόγος.

Εἴπομεν δ' ὅτι οὐκ ἔστιν ἕξις · καὶ γὰρ τῷ καθεύδοντι διὰ βίου ὑπάρχοι ἄν, φυτοῦ ζῶντι βίον, καὶ τῷ δυστυχοῦντι τὰ μέγιστα · εἰ δὴ ταῦτα μὴ ἀρέσκει, ἀλλὰ μᾶλλον εἰς ἐνέργειάν τινα θετέον[2], καθάπερ ἐν τοῖς πρότερον εἴρηται, τῶν δ' ἐνεργειῶν αἱ μὲν εἰσὶν ἀναγκαῖαι καὶ δι' ἕτερα αἱρεταί, αἱ δὲ καθ' αὑτάς, δῆλον ὅτι τὴν εὐδαιμονίαν τῶν καθ' αὑτὰς αἱρετῶν τινα θετέον, καὶ οὐ τῶν δι' ἄλλο · οὐδενὸς γὰρ ἐνδεὴς ἡ εὐδαιμονία, ἀλλ' αὐτάρκης.

Καθ' αὑτὰς δ' εἰσὶν αἱρεταί, ἀφ' ὧν μηδὲν ἐπιζητεῖται παρὰ τὴν ἐνέργειαν · τοιαῦται δ' εἶναι δοκοῦσιν αἱ κατ' ἀρετὴν πράξεις · (τὰ γὰρ καλὰ καὶ σπουδαῖα πράττειν,

---

1. Aristote fait allusion au premier livre de son ouvrage, où il établit que le bonheur consiste dans une activité complète et parfaite de l'âme qui se conforme à la vertu pendant tout le cours de la vie.

2. Après θετέον, il faut sous-entendre εὐδαιμονίαν.

τῶν δι' αὐτὰ αἱρετῶν·) καὶ τῶν παιδιῶν δὲ αἱ ἡδεῖαι·
οὐ γὰρ δι' ἕτερα αὐτὰς αἱροῦνται· βλάπτονται γὰρ ἀπ'
αὐτῶν μᾶλλον ἢ ὠφελοῦνται, ἀμελοῦντες τῶν σωμάτων
καὶ τῆς κτήσεως· καταφεύγουσι δ' ἐπὶ τὰς τοιαύτας δια-
γωγὰς τῶν εὐδαιμονιζομένων οἱ πολλοί· διὸ παρὰ τοῖς
τυράννοις εὐδοκιμοῦσιν οἱ ἐν ταῖς τοιαύταις διαγωγαῖς
εὐτράπελοι· ὧν γὰρ ἐφίενται[1], ἐν τούτοις παρέχουσι σφᾶς
αὐτοὺς ἡδεῖς· δέονται δὲ τοιούτων· δοκεῖ μὲν οὖν εὐδαι-
μονικὰ ταῦτα εἶναι, διὰ τοὺς ἐν ταῖς δυναστείαις ἐν τούτοις
ἀποσχολάζειν.

Οὐδὲν δὲ ἴσως σημεῖον οἱ τοιοῦτοί εἰσιν· οὐ γὰρ ἐν τῷ
δυναστεύειν ἡ ἀρετή, οὐδ' ὁ νοῦς, ἀφ' ὧν αἱ σπουδαῖαι
ἐνέργειαι· οὐδ' εἰ, ἄγευστοι οὗτοι ὄντες ἡδονῆς εἰλικρινοῦς
καὶ ἐλευθερίου, ἐπὶ τὰς σωματικὰς καταφεύγουσι, διὰ τοῦτο
ταύτας οἰητέον αἱρετωτέρας εἶναι· καὶ γὰρ οἱ παῖδες τὰ
παρ' αὐτοῖς τιμώμενα κράτιστα οἴονται εἶναι· εὔλογον δή,
ὥσπερ παισὶ καὶ ἀνδράσιν ἕτερα φαίνεται τίμια, οὕτω καὶ
φαύλοις καὶ ἐπιεικέσι.

Καθάπερ οὖν πολλάκις εἴρηται, καὶ τίμια καὶ ἡδέα
ἐστὶ τὰ τῷ σπουδαίῳ τοιαῦτα ὄντα· ἑκάστῳ δὲ ἡ κατὰ
τὴν οἰκείαν ἕξιν αἱρετωτάτη ἐνέργεια· καὶ τῷ σπουδαίῳ δὲ
ἡ κατὰ τὴν ἀρετήν.

Οὐκ ἐν παιδιᾷ ἄρα ἡ εὐδαιμονία· καὶ γὰρ ἄτοπον τὸ
τέλος εἶναι παιδιάν, καὶ πραγματεύεσθαι καὶ κακοπαθεῖν
τὸν βίον ἅπαντα τοῦ παίζειν χάριν· ἅπαντα γὰρ, ὡς εἰπεῖν,
ἑτέρου χάριν αἱρούμεθα, πλὴν τῆς εὐδαιμονίας· τέλος
γὰρ αὕτη· σπουδάζειν δὲ καὶ πονεῖν παιδιᾶς χάριν, ἠλί-

---

1. Le sujet de ce verbe est τύραννοι, et celui de παρέχουσι est οἱ
εὐτράπελοι.

θιον φαίνεται καὶ λίαν παιδικόν · παίζειν δ’ ὅπως σπου-
δάζῃ, κατ’ Ἀνάχαρσιν, ὀρθῶς ἔχειν δοκεῖ · ἀναπαύσει
γὰρ ἔοικεν ἡ παιδιά · ἀδυνατοῦντες δὲ συνεχῶς πονεῖν,
ἀναπαύσεως δέονται · οὐ δὴ τέλος ἡ ἀνάπαυσις, γίνεται
γὰρ ἕνεκα τῆς ἐνεργείας · δοκεῖ δ’ ὁ εὐδαίμων βίος κατ’
ἀρετὴν εἶναι · οὗτος δὲ σπουδαῖος [1], ἀλλ’ οὐκ ἐν παιδιᾷ.

Βελτίω τε λέγομεν τὰ σπουδαῖα τῶν γελοίων καὶ μετὰ
παιδιᾶς, καὶ τοῦ βελτίονος ἀεὶ καὶ μορίου [2] καὶ ἀνθρώπου
σπουδαιοτέραν τὴν ἐνέργειαν · ἡ δὲ τοῦ βελτίονος, κρείττων καὶ εὐδαιμονικωτέρα ἤδη.

Ἀπολαύσειε τ’ ἂν τῶν σωματικῶν ἡδονῶν ὁ τυχών,
καὶ ἀνδράποδον οὐχ ἧττον τοῦ ἀρίστου · εὐδαιμονίας δ’
οὐδεὶς ἀνδραπόδῳ μεταδίδωσιν, εἰ μὴ καὶ βίου [3] · οὐ γὰρ
ἐν ταῖς τοιαύταις διαγωγαῖς ἡ εὐδαιμονία, ἀλλ’ ἐν ταῖς
καθ’ ἀρετὴν ἐνεργείαις, καθάπερ καὶ πρότερον εἴρηται.

VII

L’activité purement contemplative est ce qu’il y a de plus
convenable à un être doué d’intelligence. Donc c’est dans l’exercice de cette sorte d’activité que cet être doit trouver le bonheur;
c’est par elle qu’il jouit des plaisirs les plus purs, de ceux qui
méritent la préférence par la sécurité qui les accompagne. Les

---

1. V. p. 25, n. 1. Traduire ici ce mot par *sérieux*.

2. L’auteur entend par la meilleure partie de l’homme celle qui est le siège de la raison. Au livre 1er, chap. XIII, il distingue dans l’âme la partie *irraisonnable*, commune à tout ce qui a vie, et la partie *raisonnable*, τῆς ψυχῆς τὸ λόγον ἔχον.

3. Aristote acceptait et justifiait l’esclavage. Selon lui, un esclave ne peut jamais être heureux, ni même vertueux. Il ne peut donc jouir du vrai bonheur que si son maître le fait vivre de sa vie en l’arrachant à sa condition d’esclave.

autres actes, comme ceux de la guerre et du gouvernement, sont pleins d'agitation ; ils ont un but étranger : l'acte de la pensée qui contemple est toujours calme, n'a que lui-même pour but, et se suffit à lui-même. Cette vie est donc la plus heureuse de toutes. Peut-être dépasse-t-elle la condition humaine et appartient-elle exclusivement à la nature divine. Eh bien ! nous devons cultiver au moins ce qu'il y a de divin en nous, et nous appliquer à nous rendre dignes de l'immortalité.

Εἰ δ' ἐστὶν ἡ εὐδαιμονία κατ' ἀρετὴν ἐνέργεια, εὔλογον κατὰ τὴν κρατίστην· αὕτη δ' εἴη τοῦ ἀρίστου· εἴτε δὴ νοῦς τοῦτο, εἴτε ἄλλο τι, ὃ δὴ κατὰ φύσιν δοκεῖ ἄρχειν καὶ ἡγεῖσθαι, καὶ ἔννοιαν ἔχειν περὶ καλῶν καὶ θείων, εἴτε θεῖον ὂν καὶ αὐτὸ, εἴτε τῶν ἐν ἡμῖν τὸ θειότατον, ἡ τούτου ἐνέργεια κατὰ τὴν οἰκείαν ἀρετὴν εἴη ἂν ἡ τελεία εὐδαιμονία· ὅτι δ' ἐστὶ θεωρητική[1], εἴρηται.

Ὁμολογούμενον δὲ τοῦτ' ἂν δόξειεν εἶναι καὶ τοῖς πρότερον, καὶ τῷ ἀληθεῖ· κρατίστη τε γὰρ αὕτη ἐστὶν ἡ ἐνέργεια· καὶ γὰρ ὁ νοῦς τῶν ἐν ἡμῖν, καὶ τῶν γνωστῶν, περὶ ἃ ὁ νοῦς· ἔτι δὲ συνεχεστάτη· θεωρεῖν τε γὰρ δυνάμεθα συνεχῶς μᾶλλον, ἢ πράττειν ὁτιοῦν.

Οἰόμεθά τε δεῖν ἡδονὴν παραμεμῖχθαι τῇ εὐδαιμονίᾳ· ἡδίστη δὲ τῶν κατ' ἀρετὴν ἐνεργειῶν ἡ κατὰ τὴν σοφίαν ὁμολογουμένως ἐστί· δοκεῖ γοῦν ἡ σοφία θαυμαστὰς ἡδονὰς ἔχειν καθαριότητι καὶ τῷ βεβαίῳ· εὔλογον δὲ τοῖς εἰδόσι τῶν ζητούντων[2] ἡδίω τὴν διαγωγὴν εἶναι.

Ἥ τε λεγομένη αὐτάρκεια περὶ τὴν θεωρητικὴν μάλιστ' ἂν εἴη· τῶν μὲν γὰρ πρὸς τὸ ζῆν ἀναγκαίων καὶ σοφός,

1. L'activité contemplative ou purement spéculative est celle de l'homme livré à l'exer cice désintéressé de la pensée et de la recherche scientifique.

2. Ceux qui cherchent ne savent pas encore : on peut donc traduire τῶν ζητούντων par *les ignorants*.

καὶ δίκαιος, καὶ οἱ λοιποὶ δέονται · τοῖς δὲ τοιούτοις ἱκανῶς κεχορηγημένων ὁ μὲν δίκαιος δεῖται, πρὸς οὓς δικαιοπραγήσει, καὶ μεθ᾽ ὧν · ὁμοίως δὲ καὶ ὁ σώφρων, καὶ ὁ ἀνδρεῖος, καὶ τῶν ἄλλων ἕκαστος · ὁ δὲ σοφὸς, καὶ καθ᾽ αὑτὸν ὤν, δύναται θεωρεῖν · καὶ ὅσῳ ἂν σοφὸς ᾖ, μᾶλλον · βέλτιον δ᾽ ἴσως, συνεργοὺς ἔχων · ἀλλ᾽ ὅμως αὐταρκέστατος.

Δόξειε δ᾽ ἂν αὐτὴ μόνη δι᾽ αὐτὴν ἀγαπᾶσθαι · οὐδὲν γὰρ ἀπ᾽ αὐτῆς γίνεται παρὰ τὸ θεωρῆσαι · ἀπὸ δὲ τῶν πρακτῶν ἢ πλεῖον ἢ ἔλαττον περιποιούμεθα παρὰ τὴν πρᾶξιν.

Δοκεῖ τε ἡ εὐδαιμονία ἐν τῇ σχολῇ εἶναι · ἀσχολούμεθα γὰρ, ἵνα σχολάζωμεν · καὶ πολεμοῦμεν, ἵνα εἰρήνην ἄγωμεν · τῶν μὲν οὖν πρακτικῶν ἀρετῶν[1] ἐν τοῖς πολιτικοῖς ἢ τοῖς πολεμικοῖς αἱ ἐνέργειαι · αἱ δὲ περὶ ταῦτα πράξεις δοκοῦσιν ἄσχολοι εἶναι · αἱ μὲν οὖν πολεμικαί, καὶ παντελῶς · οὐδεὶς δὲ[2] αἱρεῖται τὸ πολεμεῖν τοῦ πολεμεῖν ἕνεκα, οὐδὲ παρασκευάζειν πόλεμον · δόξαι γὰρ ἂν παντελῶς μιαιφόνος τις εἶναι, εἰ τοὺς φίλους πολεμίους ποιοῖτο, ἵνα μάχαι καὶ φόνοι γίγνοιντο · ἔστι δὲ καὶ ἡ τοῦ πολιτικοῦ ἄσχολος, καὶ παρ᾽ αὐτὸ τὸ πολιτεύεσθαι περιποιουμένη δυναστείας καὶ τιμάς, ἢ τήν γε εὐδαιμονίαν αὑτῷ καὶ τοῖς πολίταις, ἑτέραν οὖσαν τῆς θεωρητικῆς[3], ἣν καὶ ζητοῦμεν · δῆλον ὡς ἑτέραν οὖσαν.

Εἰ δὴ τῶν μὲν κατὰ τὰς ἀρετὰς πράξεων αἱ πολιτικαὶ

---

1. Des vertus pratiques, c'est-à-dire de la vie active opposée à la vie contemplative.

2. Le texte portait γάρ : nous le remplaçons par δέ pour retablir l'ordre logique des idées.

3. De même nous avons mis ici θεωρητικῆς à la place de πολιτικῆς qui nous semblait incompréhensible.

καὶ πολεμικαὶ κάλλει καὶ μεγέθει προέχουσιν, αὗται δὲ ἄσχολοι καὶ τέλους τινὸς ἐφίενται, καὶ οὐ δι' αὑτὰς αἱρεταί εἰσιν· ἡ δὲ τοῦ νοῦ ἐνέργεια σπουδῇ τε διαφέρειν δοκεῖ, θεωρητικὴ οὖσα, καὶ παρ' αὑτὴν οὐδενὸς ἐφίεσθαι τέλους, ἔχειν τε ἡδονὴν οἰκείαν, αὕτη δὲ συναύξει τὴν ἐνέργειαν, καὶ τὸ αὔταρκες δὲ καὶ σχολαστικὸν καὶ ἄτρυ- τον, ὡς ἀνθρώπινον, καὶ ὅσα ἄλλα τῷ μακαρίῳ ἀπονέ- μεται, κατὰ ταύτην τὴν ἐνέργειαν φαίνεται ὄντα, ἡ τελεία δὴ εὐδαιμονία αὕτη ἂν εἴη ἀνθρώπου, λαβοῦσα μῆκος βίου τέλειον· οὐδὲν γὰρ ἀτελές ἐστι τῶν τῆς εὐδαιμονίας.

Ὁ δὲ τοιοῦτος ἂν εἴη κρείττων βίος, ἢ κατὰ ἄνθρωπον· οὐ γὰρ ᾗ ἄνθρωπός ἐστιν, οὕτω βιώσεται, ἀλλ' ᾗ θεῖόν τι ἐν αὐτῷ ὑπάρχει· ὅσῳ δὲ διαφέρει τοῦτο τοῦ συνθέτου[1], τοσούτῳ καὶ ἡ ἐνέργεια, τῆς κατὰ τὴν ἄλλην ἀρετήν[2]· εἰ δὴ θεῖον ὁ νοῦς πρὸς τὸν ἄνθρωπον, καὶ ὁ κατὰ τοῦτον βίος θεῖος πρὸς τὸν ἀνθρώπινον βίον. Χρὴ δὲ οὐ κατὰ τοὺς παραινοῦντας ἀνθρώπινα φρονεῖν, ἄνθρωπον ὄντα, οὐδὲ θνητὰ τὸν θνητόν, ἀλλ' ἐφ' ὅσον ἐνδέχεται ἀθανατίζειν, καὶ ἅπαντα ποιεῖν πρὸς τὸ ζῆν κατὰ τὸ κράτιστον τῶν ἐν αὑτῷ· εἰ γὰρ καὶ τῷ ὄγκῳ μικρόν ἐστι, δυνάμει καὶ τιμιότητι πολὺ μᾶλλον ὑπερέχει πάντων.

Δόξειε δ' ἂν καὶ ἕκαστον εἶναι τοῦτο, εἴπερ τὸ κύριον καὶ ἄμεινον· ἄτοπον οὖν γίνοιτ' ἄν, εἰ μὴ τὸν αὑτοῦ βίον αἱροῖτο, ἀλλά τινος ἄλλου· τὸ λεχθέν τε πρότερον ἁρμόσει καὶ νῦν· τὸ γὰρ οἰκεῖον ἑκάστῳ τῇ φύσει, κράτιστον καὶ

1. Τὸ σύνθετον, *le composé,* c'est le corps et l'âme, mais l'âme en tant qu'irraisonnable. Au-dessus, il y a dans l'homme ce qu'Aristote appelle le prin- cipe divin : τῆς ψυχῆς τὸ λόγον ἔχον.

2. Nous croyons qu'il faut traduire ici ἀρετήν par *fa- culté.*

ἥδιστόν ἐσθ᾽ ἑκάστῳ · καὶ τῷ ἀνθρώπῳ δὴ ὁ κατὰ τὸν
νοῦν βίος, εἴπερ μάλιστα τοῦτο ἄνθρωπος · οὗτος ἄρα καὶ
εὐδαιμονέστατος.

VIII

Après le bonheur qui vient de l'exercice des vertus intellectuelles, il y en a un autre qui naît de la pratique des vertus
morales, et qu'il faut placer au second rang. Le bonheur propre à
la vie contemplative a moins besoin des biens extérieurs que celui
qui résulte de l'exercice des vertus morales. Dans celles-ci la
volonté ne suffit pas, il faut des actes qui la manifestent. C'est
pourquoi on ne peut attribuer aux dieux les vertus morales : car
comment imaginer sans absurdité ce que seraient en eux les actes
de semblables vertus ? L'homme tient le milieu entre les dieux,
doués de l'activité contemplative dans toute sa plénitude, et les
animaux, qui en sont entièrement privés. Si donc les dieux ont
souci, comme il faut le croire, des choses humaines, ils doivent
voir d'un œil plus favorable et récompenser les hommes qui
honorent le principe divin qui est en eux, et qui s'appliquent à le
cultiver. Le sage est donc celui que les dieux chérissent le plus,
et c'est lui surtout qui doit être heureux.

Δευτέρως δ᾽ ὁ κατὰ τὴν ἄλλην ἀρετήν[1] · αἱ γὰρ κατ᾽
αὐτὴν ἐνέργειαι, ἀνθρωπικαί · δίκαια γὰρ καὶ ἀνδρεῖα
καὶ τὰ ἄλλα τὰ κατὰ τὰς ἀρετὰς πρὸς ἀλλήλους πράτ-
τομεν ἐν συναλλάγμασι καὶ χρείαις καὶ πράξεσι παντοίαις,
ἔν τε τοῖς πάθεσι τὸ πρέπον ἑκάστῳ διατηροῦντες · ταῦτα
δ᾽ εἶναι φαίνεται πάντα ἀνθρωπικά.

Ἔνια δὲ καὶ συμβαίνειν ἀπὸ τοῦ σώματος δοκεῖ, καὶ
πολλὰ συνῳκειῶσθαι τοῖς πάθεσιν ἡ τοῦ ἤθους ἀρετή.

1. Les autres vertus, ce sont les *vertus morales*, les plus propres à donner le bonheur après les *vertus intellectuelles*, dont il
est question dans le chapitre précédent.

Συνέζευκται δὲ καὶ ἡ φρόνησις τῇ τοῦ ἤθους ἀρετῇ, καὶ αὕτη τῇ φρονήσει, εἴπερ αἱ μὲν τῆς φρονήσεως ἀρχαὶ κατὰ τὰς ἠθικάς εἰσιν ἀρετάς· τὸ δ' ὀρθὸν τῶν ἠθικῶν κατὰ τὴν φρόνησιν. συνηρτημέναι δ' αὗται καὶ τοῖς πάθεσι, καὶ περὶ τὸ σύνθετον ἂν εἶεν· αἱ δὲ τοῦ συνθέτου ἀρεταὶ, ἀνθρωπικαί· καὶ ὁ βίος δὴ ὁ κατ' αὐτὰς, καὶ ἡ εὐδαιμονία· ἡ δὲ τοῦ νοῦ, κεχωρισμένη· τοσοῦτον δὲ περὶ αὐτῆς εἰρήσθω· διακριβῶσαι γὰρ, μεῖζον τοῦ προκειμένου ἐστί.

Δόξειε δ' ἂν καὶ τῆς ἐκτὸς χορηγίας[1] ἐπὶ μικρὸν, ἢ ἐπ' ἔλαττον δεῖσθαι τῆς ἠθικῆς· τῶν μὲν γὰρ ἀναγκαίων ἀμφοῖν χρεία καὶ ἐξ ἴσου ἔστω, εἰ καὶ μᾶλλον διαπονεῖ περὶ τὸ σῶμα ὁ πολιτικὸς, καὶ ὅσα τοιαῦτα· μικρὸν γὰρ ἄν τι διαφέροι· πρὸς δὲ τὰς ἐνεργείας πολὺ διοίσει· τῷ μὲν γὰρ ἐλευθερίῳ[2] δεήσει χρημάτων πρὸς τὸ πράττειν τὰ ἐλευθέρια· καὶ τῷ δικαίῳ δὲ εἰς τὰς ἀνταποδόσεις· αἱ γὰρ βουλήσεις ἄδηλοι· προσποιοῦνται δὲ καὶ οἱ μὴ δίκαιοι βούλεσθαι δικαιοπραγεῖν[3]· τῷ δ' ἀνδρείῳ δὲ δυνάμεως, εἴπερ ἐπιτελεῖ τι τῶν κατ' ἀρετήν· καὶ τῷ σώφρονι ἐξουσίας· πῶς γὰρ δῆλος ἔσται, ἢ οὗτος, ἢ τῶν ἄλλων τις;

Ζητεῖται δὲ πότερον κυριώτερον τῆς ἀρετῆς ἡ προαίρεσις ἢ αἱ πράξεις, ὡς ἐν ἀμφοῖν οὔσης· τὸ δὴ τέλειον δῆλον ὡς ἐν ἀμφοῖν ἂν εἴη· πρὸς δὲ τὰς πράξεις πολλῶν

---

1. Le mot χορηγία correspond ici à peu près pour le sens au latin *apparatus, appareil, attirail* des choses extérieures.

2. Ici, *libéral* dans le sens de *généreux*, qui fait des libéralités.

3. Un homme veut restituer, mais il n'a pas d'argent : ne passant pas à l'acte, il ne diffère en rien extérieurement de l'homme injuste qui ne restitue pas et qui prétend avoir la volonté de restituer.

δεῖται · καὶ ὅσῳ ἂν μείζους ὦσι καὶ καλλίους, πλειόνων.

Τῷ δὲ θεωροῦντι οὐδενὸς τῶν τοιούτων πρός γε τὴν ἐνέργειαν χρεία, ἀλλ᾽, ὡς εἰπεῖν, καὶ ἐμπόδιά ἐστι, πρός γε τὴν θεωρίαν · ἢ δ᾽ ἄνθρωπός ἐστι, καὶ πλείοσι συζῇ, αἱρεῖται καὶ τὰ κατ᾽ ἀρετὴν[1] πράττειν · δεήσεται οὖν τῶν τοιούτων πρὸς τὸ ἀνθρωπεύεσθαι.

Ἡ δὲ τελεία εὐδαιμονία, ὅτι θεωρητική τις ἐστὶν ἐνέργεια, καὶ ἐντεῦθεν ἂν φανείη · τοὺς θεοὺς γὰρ μάλιστα ὑπειλήφαμεν μακαρίους καὶ εὐδαίμονας εἶναι · πράξεις δὲ ποίας ἀπονεῖμαι χρεὼν αὐτοῖς; πότερα τὰς δικαίας; ἢ γελοῖοι φανοῦνται συναλλάττοντες, καὶ παρακαταθήκας ἀποδιδόντες, καὶ ὅσα ἄλλα τοιαῦτα; ἀλλὰ τὰς ἀνδρείους; ὑπομένοντας τὰ φοβερὰ καὶ κινδυνεύοντας, ὅτι καλόν; ἢ τὰς ἐλευθερίους; τίνι δὲ δώσουσιν; ἄτοπον δ᾽, εἰ καὶ ἔσται αὐτοῖς νόμισμα, ἤ τι τοιοῦτον · εἰ δὲ σώφρονες, τί ἂν εἶεν; ἢ φορτικὸς ὁ ἔπαινος[2], ὅτι οὐκ ἔχουσι φαύλας ἐπιθυμίας; διεξιοῦσι δὲ πάντα φαίνοιτ᾽ ἂν τὰ περὶ τὰς πράξεις μικρὰ, καὶ ἀνάξια θεῶν · ἀλλὰ μὴν ζῆν τε πάντες ὑπειλήφασιν αὐτοὺς καὶ ἐνεργεῖν ἄρα · οὐ γὰρ δὴ καθεύδειν, ὥσπερ τὸν Ἐνδυμίωνα · τῷ δὴ ζῶντι τοῦ πράττειν ἀφῃρημένῳ, ἔτι δὲ μᾶλλον τοῦ ποιεῖν[3], τί λείπεται πλὴν θεωρίας; ὥστε ἡ τοῦ θεοῦ ἐνέργεια μακαριότητι διαφέρουσα θεωρητική ἂν εἴη · καὶ τῶν ἀνθρωπίνων δὴ ἡ ταύτῃ συγγενεστάτη, εὐδαιμονικωτάτη.

Σημεῖον δὲ, καὶ τὸ μὴ μετέχειν τὰ λοιπὰ ζῶα εὐδαιμονίας, τῆς τοιαύτης ἐνεργείας ἐστερημένα τελείως · τοῖς μὲν γὰρ θεοῖς πᾶς ὁ βίος μακάριος · τοῖς δ᾽ ἀνθρώ-

---

1. Sous-ent. τοῦ ἤθους.

2. Ellipse : la louange est-elle, *oui ou non*, grossière ? etc.

3. Remarquer la différence entre πράττειν, *agir*, en général, et ποιεῖν, *produire, créer*.

ποις, ἐφ᾽ ὅσον ὁμοίωμά τι τῆς τοιαύτης ἐνεργείας ὑπάρχει·
τῶν δ᾽ ἄλλων ζῴων οὐδὲν εὐδαιμονεῖ, ἐπειδὴ οὐδαμοῦ
κοινωνεῖ θεωρίας· ἐφ᾽ ὅσον δὴ διατείνει ἡ θεωρία, καὶ ἡ
εὐδαιμονία· καὶ οἷς μᾶλλον ὑπάρχει τὸ θεωρεῖν, καὶ
εὐδαιμονεῖν, οὐ κατὰ συμβεβηκός, ἀλλὰ κατὰ τὴν θεωρίαν·
αὐτὴ γὰρ καθ᾽ αὑτὴν τιμία· ὥστ᾽ εἴη ἂν ἡ εὐδαιμονία
θεωρία τις.

Δεήσει δὲ καὶ τῆς ἐκτὸς εὐημερίας[1] ἀνθρώπῳ ὄντι· οὐ
γὰρ αὐτάρκης ἡ φύσις πρὸς τὸ θεωρεῖν· ἀλλὰ δεῖ καὶ τὸ
σῶμα ὑγιαίνειν, καὶ τροφὴν καὶ τὴν λοιπὴν θεραπείαν
ὑπάρχειν· οὐ μὴν οἰητέον γε πολλῶν καὶ μεγάλων δεή-
σεσθαι τὸν εὐδαιμονήσοντα, εἰ μὴ ἐνδέχεται ἄνευ τῶν
ἐκτὸς ἀγαθῶν μακάριον εἶναι· οὐ γὰρ ἐν τῇ ὑπερβολῇ τὸ
αὔταρκες, οὐδ᾽ ἡ πρᾶξις, οὐδ᾽ ἡ πρᾶξις.

Δυνατὸν δὲ καὶ μὴ ἄρχοντας γῆς καὶ θαλάττης πράττειν τὰ καλά· καὶ γὰρ ἀπὸ μετρίων δύναιτο ἄν τις πράττειν κατὰ τὴν ἀρετήν· τοῦτο δ᾽ ἐστὶν ἰδεῖν ἐναργῶς· οἱ
γὰρ ἰδιῶται τῶν δυναστῶν οὐχ ἧττον δοκοῦσι τὰ ἐπιεικῆ
πράττειν, ἀλλὰ καὶ μᾶλλον· ἱκανὸν δὲ τοσαῦθ᾽[2] ὑπάρ-
χειν· ἔσται γὰρ ὁ βίος εὐδαίμων τοῦ κατὰ τὴν ἀρετὴν
ἐνεργοῦντος.

Καὶ Σόλων δὲ τοὺς εὐδαίμονας ἴσως ἀπεφαίνετο καλῶς,
εἰπὼν μετρίως τοῖς ἐκτὸς κεχορηγημένους, πεπραχότας
δὲ τὰ κάλλιστα, ὡς ᾤετο, καὶ βεβιωκότας σωφρόνως[3]·
ἐνδέχεται γὰρ μέτρια κεκτημένους πράττειν ἃ δεῖ· ἔοικε

---

1. *De la prospérité du dehors,*
c'est-à-dire d'une certaine quan-
tité de biens extérieurs.

2. Τοσαῦτα : *tout autant* qu'ils
ont, ce qu'ils possèdent.

3. Allusion à la couversation
de Solon avec Crésus au sujet
du bonheur. **V.** *Extraits des His-
toires d'Hérodote,* édit. de l'Alliance, p. 16.

δὲ καὶ Ἀναξαγόρας οὐ πλούσιον, οὐδὲ δυνάστην ὑπολαβεῖν τὸν εὐδαίμονα, εἰπών, ὅτι οὐκ ἂν θαυμάσειεν, εἴ τις ἄτοπος φανείη τοῖς πολλοῖς [1] · οὗτοι γὰρ κρίνουσι τοῖς ἐκτὸς, τούτων αἰσθανόμενοι μόνον.

Συμφωνεῖν δὲ τοῖς λόγοις ἐοίκασιν αἱ τῶν σοφῶν δόξαι · πίστιν μὲν οὖν καὶ τὰ τοιαῦτα ἔχει τινά · τὸ δ' ἀληθὲς ἐν τοῖς πρακτοῖς ἐκ τῶν ἔργων καὶ τοῦ βίου κρίνεται · ἐν τούτοις γὰρ τὸ κύριον · σκοπεῖν δὲ τὰ προειρημένα χρή, ἐπὶ τὰ ἔργα καὶ τὸν βίον ἐπιφέροντας · καὶ συναδόντων μὲν τοῖς ἔργοις, ἀποδεκτέον · διαφωνούντων δὲ, λόγους [2] ὑποληπτέον.

Ὁ δὲ κατὰ νοῦν ἐνεργῶν, καὶ τοῦτον θεραπεύων, καὶ διακείμενος ἄριστα, καὶ θεοφιλέστατος ἔοικεν εἶναι · εἰ γάρ τις ἐπιμέλεια τῶν ἀνθρωπίνων ὑπὸ θεῶν γίνεται, ὥσπερ δοκεῖ [3], καὶ εἴη ἂν εὔλογον χαίρειν τε αὐτοὺς τῷ ἀρίστῳ καὶ τῷ συγγενεστάτῳ, (τοῦτο δ' ἂν εἴη ὁ νοῦς ·) καὶ τοὺς ἀγαπῶντας μάλιστα τοῦτο καὶ τιμῶντας ἀντευποιεῖν, ὡς τῶν φίλων αὐτοῖς ἐπιμελουμένους, καὶ ὀρθῶς τε καὶ καλῶς πράττοντας · ὅτι δὲ ταῦτα πάντα τῷ σοφῷ μάλιστα ὑπάρχει, οὐκ ἄδηλον · θεοφιλέστατος ἄρα · τὸν αὐτὸν δ' εἰκὸς καὶ εὐδαιμονέστατον · ὥστε κἂν οὕτως εἴη ὁ σοφὸς μάλιστ' εὐδαίμων.

---

1. Τίς, dans ce membre de phrase, c'est l'homme qui dédaignerait ces biens extérieurs, et qui pour cela paraîtrait insensé à la foule.

2. *Rien que des paroles, de vains mots.* Sous-ent. εἶναι.

3. L'auteur semble en ceci se mettre en contradiction avec sa propre doctrine sur Dieu. Il lui refuse ailleurs toute connaissance du monde, tout rapport avec lui, et il semble admettre ici qu'il s'en occupe, puisqu'il a des faveurs spéciales pour l'homme qui lui ressemble le plus et qui agit avec le plus de droiture et d'honnêteté.

La connaissance théorique de la vertu ne suffit pas, il faut y joindre la pratique. Certains hommes ont d'heureuses dispositions naturelles pour la vertu; chez le plus grand nombre, elle est l'effet de l'instruction et des bonnes habitudes. Quels sont les moyens les plus propres à donner à la jeunesse des habitudes vertueuses? C'est un bon système d'éducation publique et une bonne législation commune. L'autorité paternelle n'y suffit pas; il lui manque la puissance coercitive : cette puissance, la loi seule la possède, et seule peut, sans être odieuse, imposer ce qui est honnête et vertueux. De là l'importance de s'occuper de la science de la législation. Les sophistes promettent de l'enseigner, mais ils ne la connaissent pas. C'est plutôt l'affaire des hommes du métier, mêlés aux actes du gouvernement; mais ils ne le font pas. Ceux qui ont traité de la morale ont jusqu'ici négligé de s'occuper de la législation. Aristote annonce qu'il va traiter ce sujet pour achever ainsi, selon ses forces, la philosophie des choses humaines. C'est ainsi qu'il passe de la morale à la politique.

Ἆρ' οὖν, εἰ περί τε τούτων[1] καὶ τῶν ἀρετῶν, ἔτι δὲ καὶ φιλίας καὶ ἡδονῆς, ἱκανῶς εἴρηται τοῖς τύποις, τέλος ἔχειν οἰητέον τὴν προαίρεσιν, ἤ, καθάπερ λέγεται, οὐκ ἔστιν ἐν τοῖς πρακτοῖς τέλος τὸ θεωρῆσαι ἕκαστα καὶ γνῶναι, ἀλλὰ μᾶλλον τὸ πράττειν αὐτά;

Οὐδὲ δὴ περὶ ἀρετῆς ἱκανὸν τὸ εἰδέναι, ἀλλ' ἔχειν καὶ χρῆσθαι πειρατέον· ἢ εἴ πως ἄλλως ἀγαθοὶ γινόμεθα;

Εἰ μὲν οὖν ἦσαν οἱ λόγοι αὐτάρκεις πρὸς τὸ ποιῆσαι ἐπιεικεῖς, πολλοὺς ἂν μισθοὺς καὶ μεγάλους δικαίως ἔφερον, κατὰ τὸν Θέογνιν, καὶ ἔδει ἂν τούτοις πορίσασθαι· νῦν δὲ φαίνονται προτρέψαι μὲν καὶ παρορμῆσαι τῶν νέων

---

1. Τούτων, *sur ces choses,* c'est-à-dire sur le bonheur.

τοὺς ἐλευθερίους[1] ἰσχύειν, ἦθός τε εὐγενὲς καὶ ὡς ἀληθῶς φιλόκαλον ποιῆσαι ἂν κατακώχιμον ἐκ τῆς ἀρετῆς · τοὺς δὲ πολλοὺς ἀδυνατεῖν πρὸς καλοκἀγαθίαν προτρέψασθαι.

Οὐ γὰρ πεφύκασιν αἰδοῖ πειθαρχεῖν, ἀλλὰ φόβῳ · οὐδ' ἀπέχεσθαι τῶν φαύλων διὰ τὸ αἰσχρόν, ἀλλὰ διὰ τὰς τιμωρίας · πάθει γὰρ ζῶντες, τὰς οἰκείας[2] ἡδονὰς διώκουσι, καὶ δι' ὧν αὗται ἔσονται, φεύγουσι δὲ τὰς ἀντικειμένας λύπας, τοῦ δὲ καλοῦ καὶ ὡς ἀληθῶς ἡδέος οὐδ' ἐννοίας ἔχουσιν, ἄγευστοι ὄντες.

Τοὺς δὴ τοιούτους τίς ἂν λόγος μεταρρυθμίσαι; οὐ γὰρ οἷόν τε, ἢ οὐ ῥᾴδιον, τὰ ἐκ παλαιοῦ τοῖς ἤθεσι κατειλημμένα λόγῳ μεταστῆσαι · ἀγαπητὸν δ' ἴσως ἐστίν, εἰ πάντων ὑπαρχόντων, δι' ὧν ἐπιεικεῖς δοκοῦμεν γίνεσθαι, μεταλάβοιμεν τῆς ἀρετῆς.

Γίνεσθαι δ' ἀγαθοὺς οἴονται οἱ μὲν φύσει, οἱ δὲ ἔθει, οἱ δὲ διδαχῇ · τὸ μὲν οὖν τῆς φύσεως δῆλον ὡς οὐκ ἐφ' ἡμῖν ὑπάρχει, ἀλλὰ διά τινος θείας αἰτίας τοῖς ὡς ἀληθῶς εὐτυχέσιν ὑπάρχει · ὁ δὲ λόγος καὶ ἡ διδαχὴ μή ποτε οὐκ ἐν ἅπασιν ἰσχύῃ, ἀλλὰ δέῃ προδιειργάσθαι τοῖς ἔθεσι τὴν τοῦ ἀκροατοῦ ψυχὴν πρὸς τὸ καλῶς χαίρειν καὶ μισεῖν, ὥσπερ γῆν τὴν θρέψουσαν τὸ σπέρμα.

Οὐ γὰρ ἂν ἀκούσειε λόγου ἀποτρέποντος, οὐδ' ἂν συνείη ὁ κατὰ πάθος ζῶν · τὸν δ' οὕτως ἔχοντα πῶς οἷόν τε μεταπεῖσαι; ὅλως δ' οὐ δοκεῖ λόγῳ ὑπείκειν τὸ πάθος, ἀλλὰ βίᾳ.

Δεῖ δὴ τὸ ἦθος προϋπάρχειν πως οἰκεῖον τῆς ἀρετῆς,

---

1. *En hommes libres*, c'est-à-
dire élevés de manière à n'être 2. *Propres à la passion.*
pas esclaves de leurs passions.

στέργον τὸ καλὸν, καὶ δυσχεραίνον τὸ αἰσχρόν· ἐκ νέου δὲ ἀγωγῆς ὀρθῆς τυχεῖν πρὸς ἀρετήν, χαλεπόν, μὴ ὑπὸ τοιούτοις τραφέντα νόμοις· τὸ γὰρ σωφρόνως ζῆν καὶ καρτερικῶς, οὐχ ἡδὺ τοῖς πολλοῖς, ἄλλως τε καὶ νέοις· διὸ νόμοις δεῖ τετάχθαι τὴν τροφήν καὶ τὰ ἐπιτηδεύματα· οὐκ ἔσται γὰρ λυπηρὰ συνήθη γενόμενα.

Οὐχ ἱκανὸν δὲ ἴσως νέους ὄντας τροφῆς καὶ ἐπιμελείας τυχεῖν ὀρθῆς, ἀλλ' ἐπειδὴ καὶ ἀνδρωθέντας δεῖ ἐπιτηδεύειν αὐτὰ καὶ ἐθίζεσθαι, καὶ περὶ ταῦτα δεοίμεθ' ἂν νόμων· καὶ ὅλως δὴ περὶ πάντα τὸν βίον· οἱ γὰρ πολλοὶ ἀνάγκη μᾶλλον ἢ λόγῳ πειθαρχοῦσι, καὶ ζημίαις, ἢ τῷ καλῷ.

Διόπερ οἴονταί τινες τοὺς νομοθετοῦντας δεῖν μὲν παρακαλεῖν ἐπὶ τὴν ἀρετήν, καὶ προτρέπεσθαι τοῦ καλοῦ χάριν, ὡς ὑπακουσομένων τῶν ἐπιεικῶν τοῖς ἔθεσι προηγουμένως, ἀπειθοῦσι δὲ καὶ ἀφυεστέροις οὖσι κολάσεις τε καὶ τιμωρίας ἐπιτιθέναι, τοὺς δ' ἀνιάτους ὅλως ἐξορίζειν· τὸνμὲν γὰρ ἐπιεικῆ καὶ πρὸς τὸ καλὸν ζῶντα τῷ λόγῳ πειθαρχήσειν, τὸν δὲ φαῦλον, ἡδονῆς ὀρεγόμενον, λύπῃ κολάζεσθαι, ὥσπερ ὑποζύγιον· διὸ καί φασι δεῖν τὰς τοιαύτας γίνεσθαι λύπας, αἳ μάλιστα ἐναντιοῦνται ταῖς ἀγαπωμέναις ἡδοναῖς.

Εἰ δ' οὖν, καθάπερ εἴρηται, τὸν ἐσόμενον ἀγαθὸν τραφῆναι καλῶς δεῖ, καὶ ἐθισθῆναι, εἶθ' οὕτως ἐν ἐπιτηδεύμασιν ἐπιεικέσι ζῆν, καὶ μήτε ἄκοντα μήτε ἑκόντα πράττειν τὰ φαῦλα, ταῦτα δὲ γίγνοιτ' ἂν βιουμένοις[1] κατά τινα νοῦν καὶ τάξιν ὀρθήν, ἔχουσαν ἰσχύν.

Ἡ μὲν οὖν πατρικὴ πρόσταξις οὐκ ἔχει τὸ ἰσχυρόν,

---

1. Βιουμένοις, forme très rare; partic. prés. moyen de l'inusité βιόω.

οὐδὲ τὸ ἀναγκαῖον[1] · οὐδὲ δὴ ὅλως ἡ ἑνὸς ἀνδρὸς, μὴ βασιλέως ὄντος, ἤ τινος τοιούτου · ὁ δὲ νόμος ἀναγκαστικὴν ἔχει δύναμιν, λόγος ὢν ἀπό τινος φρονήσεως καὶ νοῦ · καὶ τῶν μὲν ἀνθρώπων ἐχθραίνουσι τοὺς ἐναντιουμένους ταῖς ὁρμαῖς, κἂν ὀρθῶς αὐτὸ δρῶσιν · ὁ δὲ νόμος οὐκ ἔστιν ἐπαχθής, τάττων τὸ ἐπιεικές.

Ἐν μόνῃ δὲ τῇ Λακεδαιμονίων πόλει μετ᾽ ὀλίγων ὁ νομοθέτης ἐπιμέλειαν δοκεῖ πεποιῆσθαι τροφῆς τε καὶ ἐπιτηδευμάτων · ἐν δὲ ταῖς πλείσταις τῶν πόλεων ἐξημέληται περὶ τῶν τοιούτων, καὶ ζῇ ἕκαστος ὡς βούλεται, κυκλωπικῶς θεμιστεύων παίδων ἠδ᾽ ἀλόχου[2].

Κράτιστον μὲν οὖν γίγνεσθαι κοινὴν ἐπιμέλειαν καὶ ὀρθήν, καὶ δρᾶν αὐτὸ δύνασθαι · κοινῇ[3] δὲ ἐξαμελουμένων, ἑκάστῳ δόξειεν ἂν προσήκειν τοῖς σφετέροις τέκνοις καὶ φίλοις εἰς ἀρετὴν συμβάλλεσθαι, ἢ προαιρεῖσθαί γε · μάλιστα δ᾽ ἂν τοῦτο δύνασθαι δόξειεν ἐκ τῶν εἰρημένων, νομοθετικὸς γενόμενος · αἱ μὲν γὰρ κοιναὶ ἐπιμέλειαι δηλονότι διὰ νόμων γίγνονται · ἐπιεικεῖς δὲ αἱ διὰ τῶν σπουδαίων · γεγραμμένων δ᾽, ἢ ἀγράφων, οὐδὲν ἂν δόξειε διαφέρειν, οὐδὲ δι᾽ ὧν εἷς ἢ πολλοὶ παιδευθήσονται, ὥσπερ οὐδ᾽ ἐπὶ μουσικῆς, καὶ γυμναστικῆς[4], καὶ τῶν ἄλλων παιδευμάτων · ὥσπερ γὰρ ἐν ταῖς πόλεσιν ἐνισχύει τὰ νόμιμα καὶ τὰ ἤθη, οὕτω καὶ ἐν οἰκίαις οἱ πατρικοὶ λόγοι καὶ τὰ ἤθη, καὶ ἔτι μᾶλλον διὰ τὴν συγγένειαν καὶ τὰς εὐεργεσίας · προϋπάρχουσι γὰρ στέργοντες καὶ εὐπειθεῖς τῇ φύσει.

---

1. Τὸ ἀναγκαῖον, *la nécessité, la force qui contraint.*

2. V. *Odyssée*, l. ix, 114, 115.

3. Κοινῇ, *par l'état,* et non *en commun.*

4. Ces deux mots de *musique* et de *gymnastique* résumaient, on le sait, chez les Grecs, toute l'éducation intellectuelle et physique. Ici, ils paraissent être pris dans leur sens propre.

Ἔτι δὲ καὶ διαφέρουσιν αἱ καθ' ἕκαστον παιδεῖαι τῶν κοινῶν, ὥσπερ ἐπὶ ἰατρικῆς· καθόλου μὲν γὰρ τῷ πυρέττοντι συμφέρει ἀσιτία καὶ ἡσυχία, τινὶ δ' ἴσως οὔ· ὅ τε πυκτικὸς ἴσως οὐ πᾶσι τὴν αὐτὴν μάχην περιτίθησιν· ἐξακριβοῦσθαι δὴ δόξειεν ἂν μᾶλλον τὸ καθ' ἕκαστον, ἰδίας τῆς ἐπιμελείας γινομένης· μᾶλλον γὰρ τοῦ προσφόρου τυγχάνει ἕκαστος· ἀλλ' ἐπιμεληθείη μὲν ἂν ἄριστα τοῦ καθ' ἕνα καὶ ἰατρὸς καὶ γυμναστὴς καὶ πᾶς ἄλλος ὁ τὸ καθόλου εἰδώς, ὅ τι πᾶσιν ἢ τοῖς τοιοῖσδε[1]· τοῦ κοινοῦ γὰρ αἱ ἐπιστῆμαι λέγονταί τε καὶ εἰσίν.

Οὐ μὴν ἀλλὰ καὶ ἑνός τινος οὐδὲν ἴσως κωλύει καλῶς ἐπιμεληθῆναι καὶ ἀνεπιστήμονα ὄντα, τεθεαμένον δὲ ἀκριβῶς τὰ συμβαίνοντα ἐφ' ἑκάστῳ δι' ἐμπειρίαν, καθάπερ καὶ ἰατροὶ ἔνιοι δοκοῦσιν ἑαυτοῖς ἄριστοι εἶναι, ἑτέρῳ οὐδὲν ἂν δυνάμενοι ἐπαρκέσαι· οὐδὲν δ' ἧττον ἴσως τῷ γε βουλομένῳ τεχνικῷ γενέσθαι καὶ θεωρητικῷ, ἐπὶ τὸ καθόλου βαδιστέον εἶναι δόξειεν ἄν, κἀκεῖνο γνωριστέον ὡς ἐνδέχεται· εἴρηται γὰρ ὅτι περὶ τοῦθ' αἱ ἐπιστῆμαι.

Τάχα δ' ἂν καὶ τῷ βουλομένῳ δι' ἐπιμελείας βελτίους ποιεῖν, εἴτε πολλοὺς εἴτε ὀλίγους, νομοθετικῷ πειρατέον γενέσθαι, εἰ διὰ νόμων ἀγαθοὶ γενοίμεθ' ἄν· ὁντινα γὰρ οὖν καὶ τὸν προτεθέντα διαθεῖναι καλῶς, οὐκ ἔστι τοῦ τυχόντος· ἀλλ' εἴπερ τινός, τοῦ εἰδότος, ὥσπερ ἐπ' ἰατρικῆς καὶ τῶν λοιπῶν, ὧν ἐστιν ἐπιμέλειά τις καὶ φρόνησις.

Ἆρ' οὖν μετὰ τοῦτο ἐπισκεπτέον, πόθεν ἢ πῶς νομοθε-

---

1. Encore un exemple d'ellipse : « Sachant aussi ce qui convient à tous, ou ce qui convient à tels hommes en particulier. »

τικὸς γένοιτ' ἄν τις, ἤ, καθάπερ ἐπὶ τῶν ἄλλων, παρὰ
τῶν πολιτικῶν; μόριον γὰρ ἐδόκει τῆς πολιτικῆς εἶναι ·
ἢ οὐχ ὅμοιον φαίνεται ἐπὶ τῆς πολιτικῆς, καὶ τῶν λοιπῶν
ἐπιστημῶν τε καὶ δυνάμεων; ἐν μὲν γὰρ τοῖς ἄλλοις οἱ
αὐτοὶ φαίνονται τάς τε δυνάμεις παραδιδόντες καὶ ἐνεργοῦντες ἀπ' αὐτῶν · οἷον ἰατροί, γραφεῖς · τὰ δὲ πολιτικὰ
ἐπαγγέλλονται μὲν διδάσκειν οἱ σοφισταί[1] · πράττει δ'
αὐτῶν οὐδείς, ἀλλ' οἱ πολιτευόμενοι, οἳ δόξειαν ἂν δυνάμει
τινὶ τοῦτο πράττειν, καὶ ἐμπειρίᾳ μᾶλλον ἢ διανοίᾳ · οὔτε
γὰρ γράφοντες, οὔτε λέγοντες περὶ τῶν τοιούτων φαίνονται, καίτοι κάλλιον ἦν ἴσως, ἢ λόγους δικανικούς τε καὶ
δημηγορικούς · οὐδ' αὖ πολιτικοὺς πεποιηκότες τοὺς σφε-
τέρους υἱεῖς, ἤ τινας ἄλλους τῶν φίλων.

Εὔλογον δ' ἦν, εἴπερ ἐδύναντο · οὔτε γὰρ ταῖς πόλεσιν
ἄμεινον οὐθὲν κατέλιπον ἄν · οὐδ' αὑτοῖς ὑπάρξαι προέ-
λοιντ' ἂν μᾶλλον τῆς τοιαύτης δυνάμεως, οὐδὲ δὴ τοῖς
φιλτάτοις. Οὐ μὴν μικρόν γε ἔοικεν ἡ ἐμπειρία συμβάλλεσθαι[2] · οὐ γὰρ[3] ἐγίγνοντο ἂν διὰ τῆς πολιτικῆς συνη-
θείας μᾶλλον πολιτικοί · διὸ τοῖς ἐφιεμένοις περὶ πολιτικῆς
εἰδέναι, προςδεῖν ἔοικεν ἐμπειρίας.

Τῶν δὲ σοφιστῶν οἱ ἐπαγγελλόμενοι λίαν φαίνονται
πόρρω εἶναι τοῦ διδάξαι · ὅλως γὰρ οὐδὲ ποῖόν τί ἐστιν,
οὐδὲ περὶ ποῖα ἴσασιν · οὐ γὰρ[4] ἂν τὴν αὐτὴν τῇ ῥητορικῇ,

---

1. Le mot *sophiste* ne fut pas
d'abord pris en mauvaise part;
il voulait dire *amateur de la sagesse*. Il fut réservé ensuite pour
ces rhéteurs qui enseignaient
l'art de parler de tout, de sou-
tenir indifféremment le pour et
le contre sur toutes les questions de morale, de religion, de
politique, etc.

2. Συμβάλλεσθαι, *contribuer* à
ce talent du gouvernement.

3. Οὐ γάρ : car *autrement*. Si
l'on n'ajoute pas ce dernier mot,
on fait nécessairement un contre-
sens.

4. Même observation.

οὐδὲ χεῖρον ἐπιθεῖναι, οὐδ' ἂν ᾤοντο ῥᾴδιον εἶναι τὸ νομοθετῆσαι συναγαγόντι τοὺς εὐδοκιμοῦντας τῶν νόμων· ἐκλέξασθαι γὰρ εἶναι[1] τοὺς ἀρίστους· ὥσπερ οὐδὲ τὴν ἐκλογὴν οὖσαν συνέσεως, καὶ τὸ κρῖναι ὀρθῶς μέγιστον[2], ὥσπερ ἐν τοῖς κατὰ μουσικήν· οἱ γὰρ ἔμπειροι περὶ ἕκαστα κρίνουσιν ὀρθῶς τὰ ἔργα, καὶ δι' ὧν ἢ πῶς ἐπιτελεῖται συνιᾶσιν· καὶ ποῖα ποίοις συνᾴδει· τοῖς δ' ἀπείροις ἀγαπητὸν τὸ μὴ διαλανθάνειν, εἰ εὖ ἢ κακῶς[3] πεποίηται τὸ ἔργον, ὥσπερ ἐπὶ γραφικῆς· οἱ δὲ νόμοι τοῖς πολιτικοῖς ἔργοις ἐοίκασι· πῶς οὖν ἐκ τούτων νομοθετικὸς γένοιτ' ἄν τις, ἢ τοὺς ἀρίστους κρίναι;

Οὐ γὰρ φαίνονται οὐδ' ἰατρικοὶ ἐκ τῶν συγγραμμάτων γίνεσθαι· καίτοι πειρῶνταί γε λέγειν οὐ μόνον τὰ θεραπεύματα, ἀλλὰ καὶ ὡς ἰαθεῖεν ἂν, καὶ ὡς δεῖ θεραπεύειν, ἑκάστους διελόμενοι τὰς ἕξεις· ταῦτα δὲ τοῖς μὲν ἐμπείροις ὠφέλιμα εἶναι δοκεῖ, τοῖς δ' ἀνεπιστήμοσιν ἀχρεῖα. ἴσως οὖν καὶ τῶν νόμων καὶ τῶν πολιτειῶν αἱ συναγωγαὶ τοῖς μὲν δυναμένοις θεωρῆσαι καὶ κρῖναι τί καλῶς ἢ τοὐναντίον, ἢ ποῖα ποίοις ἁρμόττει, εὔχρηστα ἂν εἴη· τοῖς δ' ἄνευ ἕξεως τὰ τοιαῦτα διεξιοῦσι τὸ μὲν κρίνειν καλῶς οὐκ ἂν ὑπάρχοι, εἰ μὴ ἄρα αὐτόματον· εὐσυνετώτεροι δὲ εἰς ταῦτα τάχ' ἂν γένοιντο.

Παραλιπόντων οὖν τῶν προτέρων[4] ἀνερεύνητον τὸ περὶ τῆς νομοθεσίας, αὐτοὺς ἐπισκέψασθαι μᾶλλον βέλτιον

---

1. Εἶναι : sous ent. ῥᾴδιον.

2. Remarquer que ceci est ironique.

3. Nous mettons ici κακῶς au lieu de καλῶς; autrement il n'y a plus d'opposition, et la pensée n'est plus naturelle.

1. *Les auteurs précédents*, c'est-à-dire les philosophes qui se sont déjà occupés de la science sociale.

ἴσως, καὶ ὅλως δὴ περὶ πολιτείας, ὅπως εἰς δύναμιν ἡ περὶ τὰ ἀνθρώπινα φιλοσοφία τελειωθῇ.

Πρῶτον μὲν οὖν εἴ τι κατὰ μέρος εἴρηται καλῶς ὑπὸ τῶν προγενεστέρων, πειραθῶμεν ἐπελθεῖν · εἶτα ἐκ τῶν συνηγμένων πολιτειῶν θεωρῆσαι τὰ ποῖα σώζει καὶ φθείρει τὰς πόλεις, καὶ τὰ ποῖα ἑκάστας τῶν πολιτειῶν · καὶ διὰ τίνας αἰτίας αἱ μὲν καλῶς, αἱ δὲ τοὐναντίον πολιτεύονται · θεωρηθέντων γὰρ τούτων, τάχα ἂν μᾶλλον συνίδοιμεν, καὶ ποία πολιτεία ἀρίστη, καὶ πῶς ἑκάστη ταχθεῖσα, καὶ τίσι νόμοις καὶ ἔθεσι χρωμένη. Λέγωμεν οὖν ἀρξάμενοι [1].

---

1. A la suite de la *Morale à Nicomaque* commence en effet la *Politique*, qui y est étroitement rattachée, et semble, grâce à cette transition, ne faire qu'un seul ouvrage avec elle.

TABLE DES MATIÈRES

9562. — PARIS. IMPRIMERIE F. LEVE, RUE CASSETTE, 17.